BÚSCAME

BÚSCAME

El sorprendente éxito de GOOGLE

Neil Taylor

GESTIÓN 2000

La edición original de esta obra ha sido publicada en lengua inglesa por Cyan Books, Londres, con el título *Search me*

Autor: Neil Taylor
Traducción: Eduardo Llobet
Diseño de cubierta: Jordi Xicart

ISBN 10: 84-96612-30-9
ISBN 13: 987-84-96612-30-3
Depósito legal: B -37.626 - 2006
Fotocomposición: Inèdit Books
Impresión: Book Print Digital
Impreso en España – *Printed in Spain*

Índice

Prefacio

Si hubieras estado fuera de este mundo durante los últimos diez años podrías encontrar este libro profundamente desconcertante. Trata de una marca –¿o de un producto?– que es absolutamente gratis para los que lo usan. Trata de un producto –¿o de una marca?– que la gente usa para buscar y encontrar información. Internet, el nuevo dios que modela nuestras vidas, permite a esta marca introducirse libremente en nuestras casas, lugares de trabajo y en sitios remotos por todo el mundo.

Google casi no puede creer su suerte. En otro momento una idea como ésta nunca hubiera llegado a brotar. Hubiera supuesto cantidades excesivas de tiempo, trabajo, y recursos físicos que, ahora, se completan en fracciones de segundo. Pero a mediados de los noventa la tecnología estaba preparada, si uno era suficientemente brillante para usarla: y los dos jóvenes de la Universidad de Standford eran extremadamente brillantes.

Su idea era Google, y Google era un buscador, lo cual suena mortalmente aburrido a menos que seas el equivalente en *high-tech* a un «*tifoso*» deportivo. Como en toda buena tecnología, la milagrosa facilidad de uso de Google esconde una ingeniería de una formidable complejidad. Nos abre el universo con el click de un ratón. Contrariamente a otros milagros tecnológicos Google casi nunca falla o nos deja colgados, y siempre parece el más humano de los camaradas. Nos hace sonreír, y hace mejores nuestras vidas, alcanzando así el objetivo más esquivo del *branding* moderno.

Pero, ¿cómo lo consigue Google?, ¿cómo lo consiguió y a dónde irá después? Las mayores bibliotecas del mundo están acordando con Google poner sus tesoros literarios a disposición de todos gratuitamente, y ésto es sólo es una indicación de las pasmosas posibilidades futuras sea como sea el mundo dentro de diez años, lo cierto es que Google tendrá un papel decisivo en el futuro.

En *Búscame* Neil Taylor procede, con buen criterio, a buscar la esencia de Google. Es un viaje relajado, a veces: un estilo al que Google nos ha hecho familiar. Por el camino explora temas sobre la naturaleza y los límites del *branding*, importantes para cualquier negocio moderno. Así pues, pulse el botón «Hoy voy a tener suerte», sumérjase y *google* su camino a través del libro.

JOHN SIMMONS

Introducción

Conocí a Google porque me lo presentaron. Ahora ni siquiera puedo recordar quién fue; todo lo que sé es que *alguien* en la sala de ordenadores de mi universidad me habló de un buscador del que nunca había oído hablar. Tenía un nombre interesante, divertido, no como el formal Alta Vista, (que había estado usando hasta entonces), y menos cohibido que la desenfrenada excitación de Yahoo! y, bien, de Excite. El tipo de impresión que podría quedar fijada en su cerebro. Al ir a la página me sentí como en una fría, límpida, soleada mañana en Islandia: en vez del asalto visual de anuncios emergentes y banderolas para secuestrar tu atención, había un tranquilo y vacío, espacio en blanco. Un logo como de cuento infantil, y una pequeña boca esperando ser llenada.

Así fue como la mayoría de la gente encontró Google: por el boca a oreja. Es el éxito del boca a oreja de nuestros días. Ésta es una de las razones de su éxito, del porqué transcurridos solo siete años de corta (en términos empresariales) vida, ya ha sido votado como la mejor marca en todo el mundo en la investigación de Interbrand's Brandchannel. Dos veces. Ahora bien, el único objetivo de una marca es conseguir que la gente la prefiera. Por lo tanto si Google es la que preferimos, entonces debe ser la mejor marca que hay (y esto significa que si usted va a leer un solo libro, sobre una marca, debería ser este libro). También es una marca que ha penetrado en nuestra mente hasta el punto de que ha generado un verbo que ha llegado al diccionario y que quiere quedarse allí y no ser flor de una día como otras charlatanerías de la jerga. Vamos que «*F Factor*», «*DINKY*» y «*bobbit*»: estáis acabados).

Ahora tiene más de 8.000 millones de documentos indexados, listos para ser buscados por personas como usted o como yo, hasta 300 millones de veces al día.

Casi el 54% de todas las búsquedas en Estados Unidos se realizan a través de Google, aunque puedan llevar el nombre de otro, y el usuario americano medio consume cada mes una hora allí. Esto podría significar que usted acaba ocupando más tiempo con Google que hablando con su madre.

Por lo tanto la mayoría de la gente estaría de acuerdo en que este joven enérgico es un éxito. Es un gran éxito incluso en términos financieros: tanto en el beneficio monetario que obtiene, como en el valor que el mercado le asigna después de su cacareada salida a bolsa. Es, también, un éxito sorprendente: es la historia de cómo dos jóvenes estudiantes llegaron a ser empresarios, sin apoyos corporativos, y fueron aceptados entre los grandes nombres del mundo de Internet. Es la historia de una empresa que dice que sólo es seria respecto a la búsqueda, en la red mientras cultiva una actitud irreverente e iconoclasta respecto a todo lo demás, burlándose de la manera cómo los ejecutivos trajeados hacen las cosas. Y este burlarse se aplica también al *branding*. Proclaman que no promocionan su marca, que se sienten más cómodos preocupándose por el producto. Humm. Ya hablaremos de esto.

Este libro es parte de una serie llamada *Historias de grandes marcas*. Mi trabajo tratará de averiguar si la marca Google tiene relación con el éxito del producto que Google ofrece. Para ello, mientras recorremos con curiosidad y cautela al intrincado camino de internet me serviré de la opinión de múltiples expertos en *branding* y en Google.

Y para obtener las respuestas, necesitaremos hacer algunas preguntas. Como éstas:

- **¿Qué es lo que nos gusta de Google?** Después de todo hay muchos otros buscadores que hacen un trabajo similar. ¿Por qué tantos de nosotros hemos acabado usando éste?

- **¿De dónde vino Google? ¿Cómo creció?** Nos fijaremos en sus fundadores, en sus principios, en cómo éstos influyen en la manera de hacer las cosas, y en cómo se ha convertido en un éxito tan grande.

- **¿Cuáles son los «elementos básicos» de la marca Google –las cosas que la hacen reconocible– y qué nos dicen sobre la empresa?**

- **¿Cuál es el efecto de esos elementos?**

- **¿Cómo es Google por dentro? ¿Supone esto una diferencia para la marca?** La mayoría de nosotros nunca nos encontraremos con alguien de Google, ni siquiera sabemos dónde trabajan. Pero mucha gente ha oído hablar del Googleplex, sus oficinas centrales. Veremos porqué lo que ocurre dentro de la empresa se ha convertido en importante fuera de ella.

- **¿Es realmente una gran marca o sólo la marca de un gran producto? ¿Hay alguna diferencia?** Ciertamente Google es un gran producto, uno con el cual millones de nosotros interactuamos diariamente (gratis) y con el que la mayoría parece estar contenta. ¿Entonces, quizás, es tan solo el producto lo que nos gusta? ¿Podemos separar la marca del producto? Después de todo, el usuario medio no tiene mucha relación con la marca: una página principal, un logo, y no mucho más. Entonces, ¿qué *es* la marca Google? Las grandes marcas a las que nos hemos acostumbrado a lo largo del último siglo pertenecen a empresas que, normalmente, nos han vendido bienes tangibles –como máquinas de afeitar, cereales para el desayuno y colas– en lugares tangibles, como tiendas, parques temáticos, cines. Google no es así. Vive en el aire. Cuando hace su trabajo correctamente vamos a su sitio y entonces somos despedidos adonde *realmente* queremos ir. ¿Qué nos hace, pues, volver una y otra vez?

- **¿Se puede ser una gran marca sin un marketing y una publicidad potentes?** Si pensamos que, *realmente*, la marca ha tenido algo que ver con el éxito de Google entonces hay una sorpresa guardada para la gente del marketing. Porque, como decía, Google no es ni Coca-Cola ni Pepsi. No ha gastado millones de dólares en promocionarse. De hecho, siempre intenta minimizar el papel de su marca en su éxito. En vez de esto, se dedicó a su negocio silenciosamente y esperó a que todos nosotros diéramos con él. ¿Cómo demonios lo consiguieron? Muchos directores de marketing matarían por una megamarca que no tuvieran que crear, especialmente si lo pudieran hacer en menos de una miserable década. Algo han de estar haciendo bien.

- **¿Qué pasará con Google en el futuro?** Google nos convenció como un niño enfrentándose a los chicos mayores. Después de su salida a bolsa (IPO), Google también es un chico mayor. ¿Esto le hará cambiar? ¿Cuándo le pondrán la zancadilla? ¿O quiénes serán los que pongan la zancadilla?

Y finalmente, y quizás lo más importante, **¿qué pueden otros negocios aprender del sorprendente éxito de Google?**

Pero antes de que empecemos, hay algunas cuestiones que que deberían quedar claras.

1. Esto no es una guía del usuario de Google

Circulan muchos por ahí. Esto es una mirada a Google como un negocio y como marca. Examinaremos algunas de las características del producto que le han dado tanto éxito, pero sólo si nos dicen algo sobre la historia de Google.

Sin embargo, os diré que investigando para este libro lo mejor que he aprendido es lo que los técnicos llaman el «operador negativo». Si estás buscando, digamos que a Neil Taylor y se da cuenta de que todos los resultados le llevan a un conocido pintor australiano, y, no al erudito escritor y gurú de las marcas que estás buscando, puedes persuadir a Google de que ignore los resultados que no quieres. Simplemente teclea el signo menos, seguido de «australiano» (o de algo similar) y él ignorará todos los resultados sobre Neil Taylor que incluyan ese nombre. Genial. Y este que aquí obtendrás es, realmente, el único truco que aquí obtendrás.

2. No soy un técnico

Esto no es una guía del usuario porque, francamente, no soy tan bueno en este tema como para escribir una. No conozco la diferencia entre la web y la red y, si apenas puedo entrar en mi cuenta bancaria *online*, mucho menos piratear la de algún otro. En otras palabras, soy un usuario medio de Google. Probablemente como tú. O sea que no te abrumaré con conocimientos técnicos.

3. Esta no es una historia completa de Google

La historia de Google es una buena historia, y necesitaremos conocer sus principales episodios para entender cómo emergió el carácter de la compañía y su marca. Sin duda hay decenas de miles de cuentos técnicos esperando a ser contados. Pero no aquí. Nuestro héroe es la marca. Por lo tanto, técnicos perdonadme: he expurgado implacablemente de mi informe todo aquello que no explica o evalúa la marca Google.

4. Soy un fan de Google, pero no me han lavado el cerebro

Decidí escribir este libro porque soy un fan de Google. Cuando trabajaba para una gran consultoría y algunos clientes me preguntaban cuál era mi marca favorita, yo decía *Google* –con gran disgusto de los jefes de la gran consultoría de marca, que me echaban una mirada de reproche y sugerían que quizás la próxima vez debiera mencionar alguno de nuestros trabajos–. Me gustaba su frescura natural, y su habilidad para mantener un aire de encanto casero, a pesar de que hay espeluznantes cantidades de tecnología trabajando detrás de su engañosamente sencillo. Pensemos en la vieja analogía del gracioso cisne deslizándose sobre el agua mientras sus patas se apresuran debajo, y simplemente imaginemos, en este caso, unas grandes piernas musculosas, del tamaño de un rascacielos, bajo nuestro emplumado amigo. Así es Google. Hay muchas marcas que inspiran el mismo tipo de lealtad; amor, incluso. Pues yo voy a poner mi amor a prueba. Voy a intentar averiguar cómo consiguió que yo (y millones como yo, en más de 100 países) me sienta así: ¿fue deliberado o accidental? ¿Para bien o para mal? ¿Y cómo puedo hacer yo lo mismo y ganar tanto dinero como han ganado los fundadores de Google?

Soy un alma confiada, y un optimista por naturaleza. Por lo tanto esto no será una crítica despiadada, pero tampoco será una luna de miel. Google no me ha pedido que escriba este libro porque, como ya he mencionado, dice que no promociona la marca. Soy un escritor independiente, libre para descubrir las oscuras entrañas corporativas de Google, para ver si hay algo merodeando por allí. Y después del año que ha tenido, está claro que puede soportar un poco de crítica.

Empecemos pues, como muchos de nosotros hicimos, tecleando www.google.com, y viendo qué obtenemos.

En inglés «to google» como sinónimo de buscar información en la web (*Nota del T.*)

1

¿Qué hay tan especial?

¿Qué tiene Google? Incluso en los primeros días de la Red operaban muchos buscadores. ¿Qué fue lo que hizo cosquillas en nuestra imaginación (y lo que le ha hecho merecer a Google un libro para él solo)? Pienso que hay dos tipos de respuestas. El primer tipo es fácil de delimitar. Corresponden al producto en sí mismo, tienen que ver con acciones como abrir un buscador, teclear «canciones de cuna medievales», o similar (y obtener resultados, increíblemente), y en cómo te sirven lo que quieres. El tipo de tarea que te hubiera hecho ir hasta la biblioteca, hacer una limpieza con estropajo y sufrir un rápido ataque de asma por el polvo de los viejos libros antes de empezar. El segundo tipo de respuestas es un poco más difícil de definir. Porque Google no puede ser mera tecnología, si no, ¿por qué habría sido votada como la marca preferida de los usuarios? No sólo es que Google sea eficiente; parece tener, también, una personalidad que nos atrae activamente. Es ese «*algo más*» lo que excita al antiguo consultor de marca que hay en mí. Es como una especie de cálido resplandor residual que permanece conmigo una vez he conseguido lo que buscaba, y esto es lo que parece seducirme (y a otros millones de personas) para que vuelva otra vez. Vamos a llamar a estos dos tipos de respuestas «lo practico» y «lo cálido y borroso». Si Google es una gran marca combinará, con toda seguridad, esos dos aspectos, cómo es el producto en sí mismo, y cómo nos sentimos respecto a él como resultado. De momento, limitémonos al primero. El último viene después. Piense en ello como en una gratificación demorada. Entonces, ¿qué nos gusta de él?

1. Nos gustan los buscadores

Los buscadores son una invención asombrosa. Piense en todos los extraños *bits* de información que hay en las regiones de la Red: las cosas que he buscado esta semana incluyen, el origen de la palabra «tas»; qué demonios es ese gracioso edificio de detrás de mi casa en Kennington (la primera fábrica Lambeth, ya que lo pregunta); y una receta para el tradicional pastel de patata de Lancashire. ¿Quién caramba puso esas cosas ahí? En cualquier caso, las he encontrado todas en unos pocos minutos de astuta búsqueda, incluso cuando las he deletreado mal o mi dedo al mecanografiar, siempre propenso al accidente, ha resbalado un poco. Que unos buscadores puedan entender suficientemente lo que intento pedirles, encontrar las respuestas correctas, y entregármelas en menos de un segundo aún me hace alucinar. Muchas de las empresas originales de buscadores se aburrieron enseguida de buscar, y se dedicaron a buscar, otras maneras de sacarnos dinero. Pero nosotros aún no estábamos aburridos. Yaún no lo estamos (o, finalmente, nos hemos vuelto dependientes). Piense, tan solo, cuántas veces por día o semana visita usted uno de ellos.

2. Es un buen buscador. Muy bueno. Quizás, incluso, el mejor.

Para muchos de nosotros existe, aún, la percepción de que Google es el mejor buscador, por lo que le orotgamos todas la maravillas de internet. Como dice John Allert, COO de Interbrand en Reino Unido «cuando era un niño me dijeron que un día los ordenadores lo sabrían todo sobre todo. Que se convertirían en bibliotecas virtuales, conteniendo trillones de informaciones. Google es el acceso a esa biblioteca: es un moderno sistema Decimal Dewey para bibliotecas poeynciado». Simon Bradley de la consultora de marcas Entreprise IG dice, «Google es el equivalente en Internet al teletransportador de Star Trek. Tecleas un destino y en segundos eres transportado a otro tiempo y otro lugar, segura y rápidamente.» Y Andy Hobsbawm, presidente de la nueva agencia de medios Agency.com, dice, «cuando introduces una búsqueda tienes la sensación de que miles de millones de páginas están siendo revisadas por tu cuenta. La velocidad y el número de páginas revisadas no es algo que los usuarios realmente puedan evaluar (teclear la palabra «información» en Google devuelve unos 800 millones de resultados en 0.13 segundos –nunca ha habido algo así en la historia humana–).»

Pero, «mejor», ¿qué significa realmente para nosotros? Para muchas personas «mejor» significa «el más relevante». Sí. Es rápido, ¿pero cuántos de nosotros pueden, realmente, explicar la diferencia entre recibir los resultados en 0,18 segundos o en 0,52? Puede ser una diferencia estadística del 300 por cien pero la mayoría de nosotros ese tiempo lo ocupa en un sorbo de té. Por lo tanto nos tenemos que haber convencido antes de que Google nos dio la respuesta más cercana a lo que estábamos buscando.

Y esto es, también, lo que Google estaba buscando. Sergey Brin, uno de sus fundadores, ha dicho, «la misión de Google es organizar la información del mundo, haciéndola universalmente accesible y útil. Nuestro objetivo fue crear un sitio-web muy simple y fácil de usar que ofreciera el mejor motor de búsqueda del mundo. Éste es aún nuestro objetivo, y nuestro plan es continuar enfocando nuestro negocio en la tecnología de búsqueda durante algún tiempo.» Bien, con la práctica se consigue la perfección. Y Google hace mucha práctica: actualmente alrededor de 250 millones de búsquedas al día. Google empezó siendo recomendado por un pequeño grupo de expertos usuarios. Danny Salivan, de SearchEngineWatch.com, dice «existe ese núcleo técnico de audiencia, y a ellos les gustaba lo que la Web era, y les gusta Google porque es limpio y rápido.»

Transcurridos seis años muchos de nosotros aún tenemos un temor reverencial ante el poder de los cerebros de Google, y lo que puede hacer por nosotros. En el Reino Unido me enseñó un poema que uno de sus usuarios había enviado recientemente:

Tema: *Googlicioso*

Hey, ahí,

Google es el motor que me ayuda cada día,
Cuando busco en la Web, siempre encuentro mi camino,
Google me permite hacer mis cosas favoritas.
Me bajo montones de música. Así fue como encontré a mi mujer
Tiff y llevo casado casi un año,
Si no hubiera sido por Google no hubiera conocido a mi amor.
Nuestro aniversario es en agosto y tengo una pequeña petición.
Pensad en ello y haced lo que os parezca mejor,
me gustaría tener una camiseta de Google. Se la daría a mi señora,

¡Sería un modo de ganarme más besos suyos!
Estoy agradecido por todo lo que hacéis. Sois el mayor motor,
Gracias por todo lo que hacéis (y gracias también por vuestra atención)
Gracias Google.

Vaya. Éste es el tipo de respuesta que muchas marcas habrían enmarcado en la puerta de entrada. En realidad, en el *Googleplex* hay montones de cartas clavadas por todas partes que los usuarios han enviado. Aunque esto no está demasiado lejos del tipo de experiencia que muchos de nosotros tenemos cada día con Google (debo admitir, de todas formas, que aún estoy esperando a ponerme en contacto con mi futura mujer).

También es fiable. Glyn Britton, de la consultoría de marcas Ingram Partnership, considera que la magia de Google «tiene algo que ver con el hecho de que entre su despejada página principal y la página de resultados relevantes, debe haber algo tan grande e inteligente que no podemos ni empezar a comprender. Nunca se estropea. Nunca nos da un mensaje de error. Sólo funciona estupendamente». (Únicamente, en julio del 2004 fue detenido durante unas pocas horas por la incursión de virus MyDoom, apareciendo sólo el mensaje «Error 27» en su lugar). Esta consistencia le distingue entre las marcas de todo el mundo. Hayes Roth, vicepresidente mundial de marketing y desarrollo de productos de los consultores de marcas Candor, dice: «Google es una marca que «soluciona problemas», que siempre trabaja de manera simple, proporcionando resultados óptimos en todo el mundo. Hay muy pocos productos o marcas de servicio que puedan decir lo mismo en esa escala.»

Si alguno de vosotros es técnico sabrá que otros buscadores ahora dicen ser tan rápidos, fiables, y relevantes como Google. Pero, de momento, la mayoría de nosotros estamos bien contentos con nuestro 0.18 de segundo.

3. Es simple y fácil de usar (y además lo parece)

Google no sólo te lleva a tu destino con seguridad, también lo hace bien, digamos... limpiamente. Es extraordinariamente fácil de usar. La página principal y la página de resultados son de una engañosa sencillez. Y es ahí donde los expertos empiezan a entusiasmarse. Hobsbawm dice, «Google no promete mucho y da muchísimo. El simple diseño de su página principal es un recordatorio visual de esto. Es, simplemente, la mejor página principal de la Web.»

Rob Mitchell, el auténtico Mitchell de la agencia de medios Mitchell-Connersearson, cuenta una historia que muchos de nosotros reconocemos –en realidad, debería reconocerla de la Introducción.– «La primera vez que yo me encontré con Google, era en el punto álgido de la explosión de las «punto.com» y todos los buscadores (y quiero decir absolutamente todos) amontonaban posibilidades en sus sitios que nadie quería. Entonces apareció Google: una limpia página blanca con una caja de búsqueda. No sólo esto, sino que encontraba lo que buscabas rápidamente. Y pensé: –aaah! Finalmente un antídoto a esta locura–. Yo y cada uno que conozco se enamoraron de Google a primera vista. Y a la gente continúa gustándole, porque continúa fiel a sus principios y hace lo que hace extraordinariamente bien.»

4. No engaña a nadie

Google no sólo es fácil de usar. Además no engaña a nadie. Los resultados de su búsqueda son, reivindica Google, imparciales; no permite que se pague para promover la mejora de la clasificación de ciertas páginas, como en alguno de sus competidores. Naturalmente que Google acepta anuncios; ahora es así como consigue la mayor parte de sus ingresos. Pero está claro que un anuncio es un anuncio. Aparece marcado como «*link* patrocinado», en una columna separada al lado derecho de la página de resultados.

En este sentido Google es como un periódico o una revista: sí, es un negocio, pero su contenido «editorial» –en el caso de Google, los resultados de la búsqueda– no están contaminados por la manipulación comercial. Podemos confiar en los resultados, son la respuesta más relevante que pudo encontrar a nuestra pregunta, y no la que le supone más dinero.

5. ¡Es gratis!

«Piense, sobre todo, en el precio que usted paga por Google. Nada de nada.» Esto es lo que piensa Yannis Kavounis, de la consultoría de marcas Onesixtyfours. Un elemento crucial en el éxito de Google es que es gratis. Esto es siempre una opción ganadora. Muy pocas marcas nos darán algo, de manera continuada, sin que tengamos que pagar por ello –con excepción de algunos periódicos.

Pero ser gratis no siempre es un camino hacia la grandeza en estado puro. A veces asociamos lo que es gratis con lo barato y prescindible. Como escritor, yo sé que si trabajas gratis para los clientes a menudo se convierten en una pesadilla. No valoran tu trabajo y se sienten libres para cambiarlo por un antojo.

Las cosas gratuitas, por lo común son diseñadas para atraer a tanta gente como sea posible, o lo que es peor, al individuo «promedio», así que acabas con algo soso y que, realmente, no gusta a nadie. Pensad en el mayor periódico gratuito inglés, Metro, que está en las manos de miles de viajeros cada día, pero que es agobiantemente aburrido.

La magia de Google está en que nos da algo que queremos y que nos importa personalmente. Sólo le preguntamos cosas que nosotros queremos saber. Tenemos el beneficio de la gratuidad sin sus desventajas.

Allert de Interbrands lo resume. «Google cumple. El producto correcto, inmediatamente, cada vez. Gratis. No pide favores, nunca intenta venderme cosas y no me pide lealtad. Se toma su trabajo en serio, pero no a sí mismo. ¿Cuántas marcas pueden reivindicar esto?» Todos estos puntos nos pueden dejar con un agradable y cálido sentimiento: un producto que es muy bueno en su trabajo, y que no me cuesta un céntimo.

Pero, de hecho, mucho de esto es común a otros buscadores. Sí, cuando Google llegó lo hacía mejor que nadie. Pero los tiempos han cambiado. La gente se ha puesto al día. Otros buscadores le darán resultados similares en un tiempo similar. ¿Por qué seguimos con Google?

La inercia mantiene a las personas leales durante un tiempo; la mayoría de nosotros somos bastante vagos. Pero la familiaridad y la inercia no hacen que prefieras una marca. Este sentimiento general de apatía por parte de los clientes, y de potencial complacencia por parte de la empresa pueden, rápidamente, enviar a una antigua y sólida marca bajo los pies de los caballos, como Marks&Spencer y WH Smith han aprendido, a su costa, en Inglaterra. En este momento la gente prefiere a Google. Las encuestas lo prueban. Entonces, ¿cuál es el secreto?

Los expertos en marketing le dirán que es en este caso cuando su marca –en oposición a lo que el producto realmente hace y el modo en que funciona– le vendrá bien. En el punto en que sus productos son, en general, similares a los de su competencia, la preferencia por una marca hará que la gente vuelva a ella. Una reacción emocional influye en lo que a todos nos gusta pensar que es un proceso de decisión racional. Vamos a ver, en detalle, lo que esta reacción emocional provoca. Pero para entender la cara que Google presenta al mundo, primero necesitamos saber algo más sobre Google. ¿Por qué es el mejor buscador? ¿Cómo lo hicieron tan simple? La respuesta nos está esperando en un campus universitario en 1995.

2

El desarrollo de los inicios de Google

¿Suerte o buen juicio? ¿Cómo llegó Google a ser el servicio que parece que preferimos? La historia de Google está en el corazón del éxito de Google. Y Google es una marca que trabaja con historias (ésta es una de las razones para ser un poco escépticos cuando se afirma que es una marca sin promoción). Muchos de nosotros conocemos partes de la historia de Google; quizá deberíamos hablar de la «mitología» de Google. Sus historias pasaron a ser parte del folklore de la marca. Primero entre los «niños-prodigio» que la vieron nacer. Éstos, a su vez, fueron hablando a todos sus conocidos sobre Google hasta que las noticias llegaron a nosotros, los iletrados en Internet.

Es una historia con dos personajes principales. Incluso si ahora emplea a más de dos mil personas, en gran parte Google «*es*» dos personas: Larry Page y Sergey Brin. Ellos fundaron la empresa, ellos están todavía en la dirección, y sus espíritus parecen impregnar todo lo que ocurre en Google. Se podría argumentar que ellos *son* la marca Google. El liderazgo que inspira y agrupa a los empleados detrás de una excitante visión es algo que se ve en los primeros días de muchas grandes marcas. Lo que es inusual es que este liderazgo sea doble.

La historia de Page y Brin es un cuento de esperanza para todo fanático de los ordenadores, un cuento que empieza en los EEUU a finales de los noventas (pero recuerda: a finales de los noventa es el momento perfecto para ser un americano fanático de los ordenadores). Se encontraron como estudiantes de postgrado en la Universidad de Stanford en la primavera de 1995. Larry tenía 24, Sergey 23, y Brin fue uno de los estudiantes designado para guiar a Page mientras estaba en la universidad para una visita de fin de semana. Se sabe que no congeniaron. Discutieron. Google por poco «no fue». Larry es el hijo de otro niño prodigio de los ordenadores, un especialista pionero en inteligencia artificial. Uno de los famosos relatos sobre Lorry es que construyó una impresora de chorro de tinta con Lego, quizás el resultado de estar rodeado de piezas de Lego y de ordenador desde que era un bebé. Sergey es ruso, de Moscú, pero su familia emigró a los Estados Unidos cuando él tenía seis años. Parece que la ciencia es parte de su ADN también: es hijo de un profesor de matemáticas.

Una vez superaron el brote inicial de mutua antipatía, se dieron cuenta de que coincidían en su visión de la informática. Ambos estaban interesados en cómo se puede obtener la información en que se está interesado a partir de enormes cantidades de datos, y a final de año estaban trabajando juntos. El «*Data Mining*», como se le llama, no es tan fácil como los que no somos cerebritos, como para tí o yo. No se trata simplemente de encontrar las palabras importantes y hacer una lista, aunque esto es una parte del proceso. También se necesita encontrar una manera de incrementar la posibilidad de encontrar un *link* que sea realmente útil. En enero del 1996 estaban construyendo *BackRub*, un buscador proto-Google que trabajaba buscando los «*back links*» que permitan llegar a los sitios-web.

Si hay algo en lo que han conseguido ser buenos con los años es en explicar los principios básicos de su agobiante y compleja tecnología en un lenguaje que la gente normal pueda tener una esperanza de entender (Tome nota, profesor Stephen Hawking). Pida a Brin que explique cómo aprovecharon los *links* que la red necesita para funcionar, y ésta es la respuesta que obtendrá:

> Es muy complejo. No hay una manera sino muchas maneras. Trabajamos mucho para entender la estructura de conexión de la red. Es análoga a la manera cómo las personas se proporcionan referencias unas a otras. Si yo estoy buscando un médico en la zona, puedo ir y pedir a mis amigos que me recomienden buenos médicos. Ellos por su parte pueden dirigirme a otras personas que conocen el tema mejor que ellos – «Este tipo lo sabe todo sobre los médicos en la zona de Bay Area.» Entonces voy a esa persona y le pregunto. La misma manera de pensar se aplica a los sitios de la red. Se relacionan unos con otros por *links*, un sistema que simula las recomendaciones. La red es mucho más expansiva y amplia, por lo tanto, hay que refinar el sistema. Hemos de ver quién da la recomendación. Esto representa un nuevo reto: ¿Cómo se decide la importancia de los *links* en un sitio? Nosotros lo hacemos con fórmulas matemáticas que profundizan más y ponderan muchos factores.

Esta idea yace en el fondo de la tecnología *PageRank* ™ de Google. Las «fórmulas matemáticas que profundizan más y ponderan muchos factores» son un tema sobre el que la empresa es notoriamente discreta. Omid Kordestani, vicepresidente senior de ventas y operaciones de campo en todo el mundo, ha hablado de ellas como de la «salsa especial» de Google.

El mensaje que Google no quiere que usted oiga es que, hoy por hoy, es discutible cuán realmente especial es esa salsa, dado que otros buscadores dan resultados casi idénticos en tiempos idénticos.

Incluso en sus inicios, esta tecnología refleja también un principio que ha llegado a ser bastante destacado en la subsiguiente retórica de Google. Esto es, que se trató de un sistema «democrático» de buscar en la Red. Google ha hablado sobre el principio así:

> Google interpreta una conexión (*link*) de la página A a la página B como un voto de la página A por la página B. Pero Google mira más allá del simple número de votos, o links, que una página recibe: también analiza la página que da el voto. Los votos dados por páginas que son, ellas mismas, «importantes» ponderan más y ayudan a hacer otras página «importantes». Este es un método singularmente democrático.

Entonces, ¿quizás es más una «meritocracia» que una democracia? Se trata de una filosofía que se presenta (quizás menos claramente) como uno de los principios del negocio en el sitio-web de Google. Es el número cuatro en la serie de las «diez cosas»: un conjunto de creencias que define la manera como Google actúa. Naturalmente es una lista que llegaremos a conocer muy bien a lo largo de los próximos capítulos.

La democracia en la Red funciona

> Google funciona porque se basa en los millones de individuos votando sitios para determinar cuáles ofrecen contenidos de valor. En vez de basarse en grupo de editores o solamente en la frecuencia en que un término aparece, Google clasifica cada página usando una técnica revolucionaria llamada *PageRank*™. *PageRank* evalúa todos los sitios conectados con una página y les asigna un valor, basado en parte en los que se conectan con ellos. Analizando toda la estructura de la Red, Google es capaz de determinar que sitios han sido «votados» como las mejores fuen-

tes de información por aquellos más interesados en la información que ofrecen. Esta técnica, de hecho, mejora conforme la Red se hace mayor, ya que cada nuevo sitio es otro punto de información y otro voto a ser contado.

La tecnología inicial no solo era no-convencional en cuanto al método usado. También rompió moldes en cuanto al tipo de hardware necesario para ser capaz de aplicarlo. El saber convencional del momento mantenía que se necesitaban enormes potentes servidores para ser capaz de hacer búsquedas efectivas a gran escala. Pero recordarás que nuestros futuros héroes eran estudiantes graduados de poco nivel, sin grandes cantidades de dinero que les respaldaran. Por lo tanto, en vez de utilizar grandes y caras máquinas, escribieron su propio software y Page encontró una manera de usar un grupo de PCs, mucho menos potentes, para hacer el trabajo. Ahora se ha probado que este método puede ser más rápido y efectivo, y está, todavía, en el corazón del enfoque de Google. Pero en aquel tiempo, era revolucionario y las noticias del progreso que los dos estaban haciendo empezaron a circular.

Pronto se hizo evidente que aquellos dos jóvenes tenían un negocio en potencia. Aunque luego señalaron haberse desmarcado de la moda del momento, con la burbuja de las «punto.com» hinchándose por segundos. Page ha dicho, «La época de las «punto.com» fue difícil para nosotros. Estábamos desanimados en ese ambiente. Sabíamos que muchas cosas de las que la gente estaba haciendo eran irrealizables para nosotros, y esto nos hacía difícil trabajar. No podíamos contratar buen personal a precios razonables. No encontrábamos espacio para oficinas. Era un momento hipercompetitivo».

Por el contrario, ellos compraron ordenadores baratos y los hacían funcionar desde el dormitorio de Larry, mientras Sergey intentaba encontrar socios para el negocio. Podrías pensar que era el momento para que una gran empresa les suavizara el camino. Pero su negativa a exagerar el proyecto y su determinación de seguir trabajando silenciosamente, en vez de invertir dinero para «construir la marca» (según sus propias palabras) no les favoreció. Obtener apoyo fue duro.

Entonces, en la segunda mitad de 1997, pusieron sus doctorados en física «en espera» y decidieron concentrarse en obtener algo de dinero para construir su negocio a su manera. Puedes imaginar el guión. Mientras estas cosas ocurrían apareció alguien que vio lo que nuestros muchachos podían hacer, y quiso darles una oportunidad. Andy Bechtolssheim era uno de los fundadores de Sun Microsystems y el amigo de un miembro del claustro de Stanford. Vio una primera versión de la tecnología que hoy llamamos Google (un nombre basado en la palabra «*googol*,» el nombre para el número 10 elevado a la potencia 100, que se escribiría como 1 seguido de cien ceros). Y también vio el potencial. Según Sergey Brin, «Nos encontramos muy temprano una mañana en el porche de la casa de un miembro del claustro de Stanford en Palo Alto. Les hicimos una pequeña demostración. Él tenía que irse rápidamente a algún sitio, así que dijo –¿En vez de discutir todos los detalles por qué no, simplemente, os hago un talón? –Lo hizo para Google Inc. Y era de 100.000 dólares.»

Un pequeño problema en aquel momento era que la empresa Google Inc. no existía aún. Entonces el siete de septiembre de 1998, Google se transformó en una corporación. Cuando terminaron de recoger fondos Brin y Sergey tenían casi 1.000.000 de dólares, con los que pudieron trasladarse a su primera oficina, un garaje en Menlo Park, California, y contrataron a su primer empleado: Craig Silverstein, un compañero estudiante de Stanford y ahora director de tecnología de Google.

Mientras esto ocurría, estaban probando la aplicación comercial de su tecnología a través del sitio-web de *Google.com*, y su eficacia empezó a ser conocida, tanto por los medios de comunicación especializados como por el resto del mundo. De hecho, había un grupo de periodistas convencidos que se convirtieron en grandes defensores de Google, porque lo encontraron útil para su profesión. No es sorprendente que acabaran escribiendo sobre Google. Se entusiasmaban por lo bueno que era, la simplicidad, y sus caprichos, como su tecla «Voy a tener suerte», que todavía está en su página principal, y permite a los usuarios probar obteniendo un único resultado para su búsqueda, esperando que sea el bueno.

Rápidamente Google se encontró manejando hasta 10.000 búsquedas por día. La revista PC Magazine no tardó en decir que Google era uno de los *Top 100 Websites and Search Engines.* La bola estaba rodando. En seis meses llegaron otros seis empleados, una nueva oficina, y el pequeño detalle de que el número de búsquedas creció un 500%.

En ese punto pensaron que su mayor fuente de ingresos sería registrar su tecnología para que otras personas la usaran en sus propios sitios, y así fue como tuvieron su primer cliente de pago. También les llegó otra inyección de efectivo. Esta vez fueron unos asombrosos 25.000.000$ de dos grandes firmas de Silicon Valley –Sequoia Capital y Kleiner Perkins Caufield & Byers–. Estos dos no eran compañeros normales, sino que ambos ocuparon dos sitios en el consejo de Google (y, como es lógico, han sido claves en el paso de Google de empresa privada a empresa que cotiza en bolsa). Pronto algunas grandes empresas decidieron apostar por la floreciente marca Google. AOL/Netscape empezó a usar Google como buscador de su portal Netcenter.

En 1999 Google se mudó de nuevo a su sede actual –el famoso Googleplex en Mountain View, California. Como el nombre mismo de Google, *Googleplex* es un juego sobre *Googleplex,* otro número, esta vez 10 elevado a la potencia de un *googol.* Nos llevaría más tiempo que el resto del libro escribirlo, o sea que es mejor no profundizar en este tema. El *Googleplex*, como veremos más adelante, es una expresión crucial de lo que pronto se convirtió en el inequívoco espíritu de juventud, diversión, equilibrio y del trabajo de Google, un espíritu que es una parte crucial del éxito de la empresa.

Para entonces habían llegado a los tres millones de búsquedas diarias, y para septiembre quedó claro que Google tenía que salir, oficialmente, de la fase de «test» y admitir que era un adulto. Como dijo John Naughton en el Observer, «Para la mayoría de nosotros la cronología de Internet se divide en dos periodos, BG (*Before Google*) y AG (*After Google*). Nadie que haya usado Google nunca vuelve atrás a otra cosa. Con un click todos los otros buscadores fueron enviados al basurero de la historia».

El 2000 fue el año en que Google realmente empezó a tomar el mundo por asalto. Ganó el premio al mejor buscador de Internet, y lanzó 10 versiones en distintos idiomas. En junio del 2000, Google llegó a ser, oficialmente, el buscador que buscó el mayor número de páginas –un miserable millón en aquel momento–. Y el 26 de Junio, Yahoo! –entonces, como ahora, una de las grandes marcas de Internet–, decidió usar Google para proporcionar resultados de búsqueda. El resultado fue un simple asunto de 18 millones de búsquedas cada día, y para final de año llegó a los 60 millones.

El dos mil fue también el año en que la empresa lanzó *AdWords*, el programa de anuncios que cambió el modelo de negocio de Google y que, desde entonces, atrae las miradas de Wall Street. Después de todo, de ahí es de donde obtiene la mayoría de sus ingresos. Eran anuncios en una columna situada a un lado de la página, que se relacionaban con el contenido que estabas buscando. Pronto Google proclamaba que anunciarse en su página, dada la precisión de la búsqueda, acababa siendo de cuatro a cinco veces más efectivo que los anuncios tradicionales en la Red.

En el 2001 Google reclutó al Dr. Eric Schmidt de Novell como director ejecutivo. El dinámico dúo que estaba al frente se había convertido –en sus propias palabras– en un «triunvirato» y así es como sigue hoy. Incorporado como una mano experimentada al timón, para compensar los relativamente «verdes» Grin y Page, el trabajo de Schmidt consistió en gestionar la rápida expansión de la empresa mientras Brin y Page mantenían sus ojos en el desarrollo tecnológico y cultural de Google. De todos modos cabe destacar que Eric Schmidt es doctor en informática. Así, con independencia de su experiencia en grandes empresas, puede discutir tanto con los técnicos como con los gestores.

Y ese año, el fenómeno global se convirtió, realmente, en una empresa global, lanzando versiones nacionales específicas de su sitio-web en Reino Unido, Francia, Alemania, Italia, Suiza, Canadá, Japón y Corea, con Google disponible en 40 idiomas distintos del inglés, así como con la capacidad de buscar 250 millones de imágenes (aunque Google admite encontrarlas solo buscando las palabras asociadas con ellas). A propósito, en este momento estamos en un índice de 3 billones de documentos de la Red y 100 millones de búsquedas diarias.

El final de 2001 también fue importante por otro tema crucial. Dos años después de su conversión en S.A., el pequeño viejo Google, el retoño de Mountain View, tuvo beneficios. Era una señal temprana de que Google no era la típica «punto.com». Dejó las filas de los desaparecidos, de los que casi lo lograron, y de los que nunca tuvieron la mínima posibilidad, y se unió al mundo de los grandes. Y los mercados empezaron a fijarse en él.

Desde entonces pareció desarrollarse casi exponencialmente: indexando más páginas, realizando más búsquedas, lanzando más sitos-web y servicios nacionales específicos, atrayendo más anunciantes, siendo escogidos por más personas para realizar búsquedas, ganando más dinero, y añadiendo más posibilidades: *Google News*, cotejando noticias alrededor del mundo; *Google Labs*, para probar nuevas ideas; *Frogle*, un sitio-web para comparar precios; y *AdWorks* se renovó, lo que le hizo económico, tanto para una pequeña como para una gran empresa. En el 2003 Google compró la empresa que produce *Blogger*–pionera en el nuevo fenómeno de los diarios personales en la Red raya. Y, importante para nosotros, ganó el Interbrands como Marca del Año por primera vez, sustituyendo a Apple –otra marca de tecnología muy humana– en el puesto. Para rematar todo esto, lanzó *AdSense*, que permite a los propietarios de un sitio-web poner una barra de anuncios relevantes en un recuadro tipo Google a la derecha de su propio site (y compartir los beneficios entre el *site* y Google).

El 2004 trajo el trofeo de Marca del Año, pruebas de búsqueda personalizada, y el controvertido e-mail Gmail. Con Gmail, Google prometía a los usuarios más espacio virtual para almacenar e-mails, hasta el punto de que nunca necesitaras borrar ninguno. En compensación usaría su tecnología publicitaria para escanear el contenido de sus mails e introducir en una barra de anuncios los que creyera que podían ser relevantes. Esto causó un escándalo, se dijo que el escaneado de e-mails personales era una invasión de la privacidad que recordaba a Gran Hermano. Fue la primera señal de que la luna de miel para Google se había acabado. Ahora era dominante, y estaba maduro para ser criticado. La reacción continuó cuando Google anunció que iba a vender acciones de la compañía, y del modo cómo planeaba hacerlo hablaremos después.

Ah, Page y Brin todavía tenían que obtener sus doctorados.

Google ahora

El éxito de Google ha sido fenomenal. Hoy indexa más de 8.000.000.000 páginas en la Red, listas para ser rastreadas cuando se lo pedimos. Tiene versiones de su sitio-web operando en todo el mundo, y en muchos idiomas distintos. (Noruega es una adición reciente; parece que a costado a Google –y a sus abogados– superar la extrañeza del nombre en el mercado noruego, donde Google significa «gafas de sol.»)

No es sorprendente que otros, que han visto los resultados estelares de Google –en términos de usuarios e ingresos– se estén recriminando el no haberse anticipado. El fundador de Microsoft, Bill Gates ha dicho, «Google nos ha dado una patada en el trasero.» No os preocupéis, está dispuesto a remediar la situación.

Pero Google no sólo nos ha impresionado en términos puramente numéricos. Ha tenido una marcada influencia en nuestra cultura. Hay algunas historias realmente pasmosas sobre el impacto de Google en el mundo. El mismo Sergey cuenta la siguiente historia:

> La gente busca información en situaciones que amenazan su vida. Una persona escribió que tenía dolores en el pecho y no estaba seguro de la causa. Hizo una búsqueda en Google, vio que estaba sufriendo un ataque cardiaco y llamó al hospital. Sobrevivió y nos lo contó. Para ayudar en situaciones como ésta Google ha de ser rápido y correcto. Otras personas nos han escrito con historias similares. Nosotros recibimos postales y fotografías de ellos con su familia. Estos son casos extremos, pero hay otros incontables ejemplos. Ayudamos a la gente en sus carreras. Ayudamos a los estudiantes en sus estudios. Es una herramienta potente.

En octubre del 2004, la BBC News online publicó este reportaje:

Google «salva» a un rehén australiano

Un periodista australiano raptado en Irak fue liberado después de que sus secuestradores confirmaran su identidad en Internet mediante el buscador Google

John Martinkus trabajaba para la televisión australiana SBS

John Martinkus fue apresado en Bagdad el sábado, el primer australiano mantenido como rehén en Irak desde la invasión liderada por los Estados Unidos.

Pero sus secuestradores aceptaron liberarlo cuando se convencieron de que no trabajaba para la CIA o algún contratista americano.

Se ha comunicado que volverá a su casa en Australia el martes.

Su productor ejecutivo en el canal australiano SBS, Mike Carey, dijo que, probablemente, Google salvó la vida del periodista *freelance* Martinkus.

«Lo buscaron en Google y luego fueron a un sitio-web –el suyo o el de su editor, no sé cual– y vieron que era quién decía ser, y esto fue decisivo para dejarlo ir, pienso yo, o para cambiar su decisión,» dijo a la agencia de noticias AP.

Mientras estoy escribiendo este libro está en marcha un intento de juzgar al Primer Ministro británico Tony Blair bajo la acusación de que engañó al Parlamento sobre la existencia de armas de destrucción masiva en Irak. El parlamentario responsable de ello, Adam Price, del partido nacionalista galés Plaid Cymru, declara que le movió a hacerlo un artículo que leyó online. «Estaba buscando en Google y lo encontré,» dice. Si Blair cae por su causa, Google habrá ido muy lejos. Muestra como Google está cambiando nuestras vidas –a través del acceso fácil a la información y a las ideas– como pocas marcas lo han hecho nunca. Estas son historias asombrosas para una marca. En este contexto no parece extraño que la prefiramos. Está actuando como un servicio público de información para casi el mundo entero. La idea de Google como un servicio público es algo a lo que volveremos.

¿Qué es Google?

Google ha ido creciendo a lo largo del camino. Todavía pensamos en él, primero y principalmente, como un buscador; y realmente lo es. Pero a lo largo de los años ha ido añadiendo posibilidades a su función principal de búsqueda, con otros servicios que lo complementan. Google cree que estos servicios son una extensión natural de su idea básica: «Son, simplemente, otras tecnologías para ayudar a usar la Red. Son una alternativa, que esperamos que sea buena. Pero nosotros continuamos dirigiendo a los usuarios a los mejores sitios-web y tratamos de hacer todo lo que sea en su mejor interés.»

O, en las palabras de Jacob Nielsen, un consultor del sector y miembro del consejo técnico asesor de Google, «ellos operan probando montones de cosas y algunas realmente no funcionan». Pero hay muchas que sí lo hacen, incluyendo:

- **Calculadora**: introduce una suma en el recuadro de búsqueda y google dará el resultado. Te dará, igualmente, la respuesta para «vida, universo+ todo.»

- **Froogle**: Sitio para comparación de precios. Introduce un artículo que quieras comprar y Google encontrará la oferta online más barata.
- **Alertas**: e-mails para comunicarte que Google ha encontrado información nueva para una de sus búsquedas seleccionadas.
- **Respuestas**: en vez de rastrear a través de los resultados de la búsqueda, pague a uno de los investigadores de Google para que te dé la respuesta.
- **Imágenes**: No es sorprendente que éste sea el buscador de Google para imágenes. Pero, como las busca a través de las palabras, no siempre es preciso. No parece que les preocupe. Craig Silverstein, el director de tecnología de Google, dice, «Si usted introdujera un proverbio y viera que imágenes aparecen, entonces yo esperaría a que los resultados fueran bastante aleatorios. Puedes obtener un cierto valor como entretenimiento de esto, y está bien. Estamos contentos de tener esta función en Google como un vehículo social y de entretenimiento así como un medio de información.»

  No te preocupes, trabajarán para mejorarlo.
- **Noticias**: sigue las últimas noticias a través de diferentes fuentes en la Red.
- **Definiciones**: vaya! Google también es un diccionario. Sólo introduzca «definir:» antes de la palabra que quieras conocer.
- ***AdSense***: anuncios dirigidos al contenido de la página. Cualquier sitio-web que usa esta tecnología recibe una parte de los ingresos.
- ***AdWorks***: la manera cómo Google ayuda a los anunciantes a crear anuncios que correspondan a las palabras clave que la gente busca.
- **Traducción**: traduce las páginas en lenguajes distintos del inglés a un inglés muy malo, a veces incomprensible.

(Vale, quizás esto no es totalmente justo. Traducir idiomas es un trabajo notoriamente difícil para las personas, no digamos para los ordenadores. Esta función de Google le permite, al menos, tener una vaga idea de lo que puede haber en ese sitio.)

- **La tienda de Google**: otra desilusión. Los usuales paraguas y bolsos de propaganda. Symon Sweet, el responsable de estrategias de marca en la agencia de marcas y diseño Bluestone, dice «La tienda de Google tiene los productos más sosos que nunca hubiera esperado encontrar.» Es un desengaño porque todo sobre Google es divertido e inusual. Un consejo para el triunvirato allí arriba; sacárosla de encima; no os hace ningún bien.

Y además, naturalmente, hay algunas empresas que Google ha comprado para añadir a la lista de servicios que ofrece él mismo:

- ***Blogger***: dedicada a ayudar a la gente a publicar sus pensamientos online, provocar reacciones y para interrelacionarse con otros interesados en las mismas cosas. (Boggler empezó con tres amigos durante el boom de «las punto.com» antes de que Google la comprara. ¿Le suena familiar?)
- ***Picasa***: diseñadores de software que le permiten organizar su propia biblioteca de fotos e imágenes. Ahora se presenta como «Google Picasa»
- ***Keyhole***: un creador de mapas en 3D que, dicen, permite «a los usuarios ver imágenes en 3D de cualquier sitio de la Tierra así como consultar una rica base de datos de carreteras, empresas y muchos otros puntos de interés. Se conoce ahora como *Keyhole from Google.*

Las consecuencias

El sorprendente éxito de Google ha tenido algunas consecuencias sorprendentes. Un fenómeno inspirado por Google es el «bombardeo» de Google. El bombardeo de Google es una manera de manipular el sistema *PageRank*™ para asegurarse de que, cuando la gente introduce una búsqueda determinada, vean la página que queremos que vean.

(En términos simples, esto se hace llevando montones de sitios a conectarse con otro sitio objetivo, usando las palabras que queremos manejar para la búsqueda).

Naturalmente usted puede usar esto con fines comerciales y mucha gente lo intenta. De hecho incluso hay personas, llamadas «optimizadores», que le advertirán cómo derrotar al sistema de Google y levantar sus *ratings*, a cambio de una saneada cuota.

Google tiene un gran equipo de personas tratando de ser más ingeniosos que los que intentan ser más ingeniosos que Google. Pero más interesantes son las bombas sobre Google que no intentan ganar dinero sino conseguir un objetivo político, o hacernos reír, o las dos a la vez. Esto demuestra que la gente ha empezado a reconocer el potencial de Google como una de las fuentes primordiales de la información mundial. El ejemplo más famoso de una «bomba Google» aparece en el punto más álgido del debate sobre las armas de destrucción masiva. Introduzca «ADM» en el recuadro de búsqueda, pulse el botón «Voy a tener suerte», y el resultado era una parodia de de una típica página de «error» (ver reverso).

Otra mostraba resultados burlones para la búsqueda de «Victorias militares francesas»:

Brin y Page se tomaron el bombardeo de Google con calma. (De hecho, que la historia de las ADM permaneciera durante tanto tiempo tan fácil de encontrar sugiere que alguien en Google no tenía demasiada prisa en retirar el link,

> Usted quería decir: **derrotas** militares francesas
>
> No se encontró ninguna página standard en la Red contiendo todos las palabras
>
> Su búsqueda –**victorias militares francesas** - no produjo ningún documento.
>
> Sugerencias:
> –Asegúrese de que todas las palabras estén escritas correctamente.
> –Intente usar otras palabras.
> –Intente usar palabras más generales
>
> También puede probar Google Answers para una ayuda experta en su búsqueda

como la ha tenido en otras situaciones más comprometidas.) Brin dice, «Normalmente las bombas sobre Google no afectan a las personas que buscan información.» Page añade, «son más bien diversión».

Otra sorprendente consecuencia del éxito de Google ha sido la virtual aniquilación del mercado de compra venta y creación de nombres para dominios. Una gran posibilidad en el boom de Internet a finales de los noventa fue el hecho de que esperando hacer algo de dinero rápido se podían comprar «nombres de dominios» (palabras seguidas por «.net», «.com», «.co.uk» o similares) en Internet increíblemente baratos. No sorprende que la gente se diera cuenta rápidamente y empezó a comprar nombres «genéricos» como «Medicinas.com», o «hoteles.com», así como un montón de marcas conocidas. Eso fue un problema porque en los nombres de dominio no fun-

Estas Armas de Destrucción Masiva no pueden ser presentadas

Las armas que usted está buscando no están disponibles actualmente. El país puede estar experimentando dificultades técnicas, o usted debe ajustar el mandato de sus inspectores de armamento.

Por favor intente lo siguiente:

- Pulse el botón de cambio de régimen, o inténtelo más tarde
- Si usted es George Bush e introdujo el nombre del país asegúrese de que está escrito correctamente (IRAK)
- Para comprobar los ajustes de los inspectores de armamento, pulse el menú **UN**, y después pulse **Opciones de Inspectores de Armamentos**. En la barra del **Consejo de Seguridad** pulse **Consenso**. Los ajustes deben coincidir con los proporcionados por el gobierno o la OTAN.
- Si el Consejo de Seguridad lo ha autorizado, los Estados Unidos pueden examinar su país y descubrir automáticamente Armas de Destrucción Masiva. Si quiere usar la CIA para probar y descubrirlas, pulse Detectar armas
- Para liberar algunos países se necesitan 128.000 soldados. Pulse el menú **Pánico** y pulse Sobre **la Política Exterior de los EEUU** para determinar el régimen que instalarán.
- Si usted es un Viejo País Europeo tratando de proteger sus intereses, asegúrese de que sus opciones permanecen abiertas tanto tiempo como sea posible. Pulse el menú y después pulse en **Liga de Naciones.** Avanzado vaya a la sección Cabeza en la Arena y compruebe los ajustes de sus exportaciones a Iraq.
- Pulse el botón Bomba si es usted Donald Rumsfeld.

cionan las marcas registradas. En el mundo de las marcas registradas está permitida la coexistencia de productos de diferentes categorías con el mismo nombre: piensa en VW Polo, el Polo helado, o Polo Ralph Laurent. Esto se basa en que el consumidor medio seguramente no confundirá esos productos –normalmente no irás a una camisería para comprar algo refrescante y saldrás con un descapotable–. Pero, en la Red, hay un solo «polo.com», así cualquiera que era el primero podía poseer el más obvio de los nombres de dominio –y en los primeros tiempos, no era necesariamente quién poseía la marca.

(Finalmente las leyes sobre la propiedad intelectual fueron rectificadas para dar a los dueños de las marcas registradas un derecho efectivo de tanteo sobre sus propios nombres.) De todos modos muy pronto se tomaron como nombres de dominio palabras más serias, y las que no lo eran tanto –para ser honrado, realmente no querrías hacer negocios con ellas–.

La demanda de nombres de dominio tuvo dos ramificaciones. O algunas empresas gastaron millones para adueñarse de esos nombres de dominio realmente importantes, enviando a una generación de descarados cachorros registrados desde muy pronto en Internet a un acaudalado y temprano retiro; o las empresas tuvieron que pagar a consultores de marcas, como yo, para encontrar nuevas palabras para sus negocios que no hubieran sido ya registradas como «punto.coms». Este clima fue un factor importante en la explosión de nombres como Accenture, Altria, y Consignia, nombres que la prensa, especialmente en R.U., encontró ridículos y ofensivos, caracterizándoles, de forma previsible, de extravagantes derroches de dinero. Es irónico, naturalmente, que hoy no podamos nombrar muchos de esos nombres «genéricos». Incluso en el orden del mundo de la Red las marcas que se construyen una reputación y una resonancia emocional con sus clientes todavía parecen más atractivas que las flojas y genéricas. Supongo que es por eso que las zonas comerciales están llenas de tiendas mostrando nombres de personas más que grandes rótulos diciendo «comida» o «ropa».

El éxito de Google fue un gran factor para matar ese mercado (también influyó en la desaparición de muchos especuladores en Internet cuando llegaron los malos tiempos). La gente se dio cuenta de que podía confiar en Google para encontrar los sitios-web que buscaba, incluso cuando no conocían el nombre del dominio. Empezaron a teclear «BBC» en Google antes de haber probado «bbc.com», «bbc.net», «bbc.co.uk», o cualquier otra cosa con la que supusieran que pudieran encontrar el sitio que buscaban, porque intuían que Google era usualmente el modo más fácil de hacerlo. De repente desapareció la presión sobre las empresas para encontrar siempre el sitio-web más evidente. En vez de eso la gente prefirió utilizar la opción «Voy a tener suerte» en su área de interés. Un mercado desapareció. Y mis buenos tiempos como creador de marcas quedaron muertos y enterrados.

La IPO

El big bang de la historia reciente de Google fue la venta de acciones de la empresa. Es algo que se esperaba desde que tuvieron beneficios por primera vez. Los miembros del primer consejo de administración hablaron del tema en algunas reuniones, pero nunca vieron la necesidad de vender. Pero lo más seguro es que algunos de los inversores iniciales estaban ansiosos por ver un beneficio del dinero que habían puesto en el joven negocio.

Cuando, finalmente, decidieron coger el toro por los cuernos y salir a bolsa, lo hicieron a la manera típica de Google, con poca consideración por las tradiciones y convenciones de Wall Street. Así, la carta de Sergey y Larry a los inversores potenciales empieza con las palabras, «Google no es una empresa convencional. Nosotros no pretendemos llegar a serlo.»

Lo que hizo diferente la IPO de Google fue su diseño de empresa privada. El triunvirato al mando creyó que esto era lo que le había dado el éxito, y dejaron claro que evitarían deliberadamente muchas de las actividades que, normalmente, se esperan de una empresa en bolsa. No harían previsiones a corto plazo: el negocio era demasiado impredecible. De esta manera Google no estaría bajo la presión de manipular sus resultados trimestrales, semestrales, o anuales para cumplir con las expectaciones del mercado. Prometieron continuar invirtiendo tiempo y dinero en proyectos que no era seguro que tuvieran éxito, pero que auguraban grandes beneficios en el caso de que lo tuvieran. Falta ver si podrán permanecer fieles a sus principios. Pero los dos aspectos más discutibles de la operación fue la manera como las acciones fueron vendidas, así cómo el poder de voto de las acciones que usted compró como inversor en Google.

Google escogió el método «*Dutch Auction*» para fijar el precio de las acciones, una técnica raramente empleada en los Estados Unidos. En «*Dutch Auction*» los inversores dicen el precio que están dispuestos a pagar por las acciones, así como la cantidad que están dispuestos a comprar. Ordenando el valor de las ofertas y el número de acciones que adquirirían se puede calcular el precio más alto al que se venderían todas las acciones (que podría, naturalmente, ser mucho menor que el de la oferta más alta). Google dice que escogió este método para que las acciones fueran vendidas a un precio razonable y sostenible, ya que el precio de venta sería un buen reflejo de lo que el mercado estaba dispuesto a pagar. De esta manera esperaba evitar las dramáticas subidas y caídas a menudo asociadas con los días de apertura de la cotización de las nuevas acciones. En la práctica Google modificó el proceso, diciendo que podrían vender acciones a un precio menor para obtener una distribución más amplia de la propiedad de las acciones. Este fue otro movimiento típico de Google –incrementar la teórica democracia de la operación haciéndola más accesible a los inversores más pequeños, al tiempo que se blindaban contra la presión de los inversores institucionales, que golpeaban a la puerta pidiendo exactamente las previsiones que no querían tener que dar.

No es sorprendente que el enfoque no convencional de una empresa no convencional tuviera la oposición de muchos veteranos analistas del mercado. Ésta se agravó por la estructura de votos de la empresa, con las acciones de los de arriba –el triunvirato de nuevo– teniendo más poder de voto que las de los inversores ordinarios. Todo era para permitir a los «Tres de Google» continuar llevando el negocio como lo habían hecho como empresa privada. No es sorprendente entonces que el Institucional Shareholder Services –que aconseja a los fondos de pensiones cómo votar en las asambleas generales– dé a Google el 0.2 sobre 100 de eficacia en su estructura de gobierno corporativo. James Huguet de Great Companies dijo, «Yo creo que no hay una gestión muy sabia. Es un reto significativo construir una empresa durante un período largo de tiempo. Pienso que hay problemas reales desde el punto de vista de gestión interna. La empresa se enfrenta a una competencia significativa. Hemos vencido a eBay y Yahoo!, y eran empresas bien dirigidas. Yo no veo la misma calidad de gestión en Google.

Pero, a corto plazo, el paso cuidadoso de Google por la fina linea entre la confianza y la arrogancia parece dar rendimiento, con un precio de las acciones subiendo continuamente en los meses después de la IPO. Así pues, ¿qué van a hacer con el dinero? Esto es algo que era indefinido antes de la operación y lo continúa siendo hoy: «No tenemos planes específicos en este momento.» Pero como hemos visto han estado comprando. El software de mapas 3D *Keyhole* fue la primera gran compra después de la IPO. Algunos han argüido que la IPO de Google significa malas noticias para los grandes bancos que aconsejan a las empresas que quieren salir a bolsa. Google no necesitó consultores para atraer a los grandes inversores corporativos. De cualquier modo los tuvo a todos. Tuvo, además, multitud de pequeños inversores.

Pero hay pocos Googles en el mundo. Se puede decir que, sólo porque Google es famoso y por la enorme cantidad de atención mediática que atrae, pudo hacerlo a su manera. Porque casi todos conocemos Google, y a muchos de nosotros nos gusta, hubo tanto interés por la IPO. De hecho, bastantes de nosotros queríamos nuestra pequeña parte (en cuyo caso, mala suerte si vives fuera de los Estados Unidos), más por orgullo o curiosidad, que como potencial de beneficios financieros significativos. Es improbable que una empresa con un perfil tan discreto pudiese mantener el interés del público durante la subasta. Malas noticias para cualquier pequeña empresa que quiera hacer un Google, buenas noticias para Wall Street.

En el período después de la operación, Google ha tenido una serie de grandes resultados, con su *ratio* de crecimiento. En los últimos tiempos han venido doblando los beneficios y el precio de la acción cada trimestre. Google reaccionó rápidamente para amortiguar la especulación y para que el crecimiento fuera sostenible.

Recientemente las acciones han sufrido una fuerte caída, después de que algunos empleados e inversores iniciales vendieron las suyas, al final de una serie de barreras que lentamente pondrán más acciones en el mercado libre. Esto significa que muchos empleados podrían convertirse en millonarios, y que continuará llenando los bolsillos de Brin y Page, que podrían ganar 1 billon de dólares americanos vendiendo algu-

Precio de la acción de Google

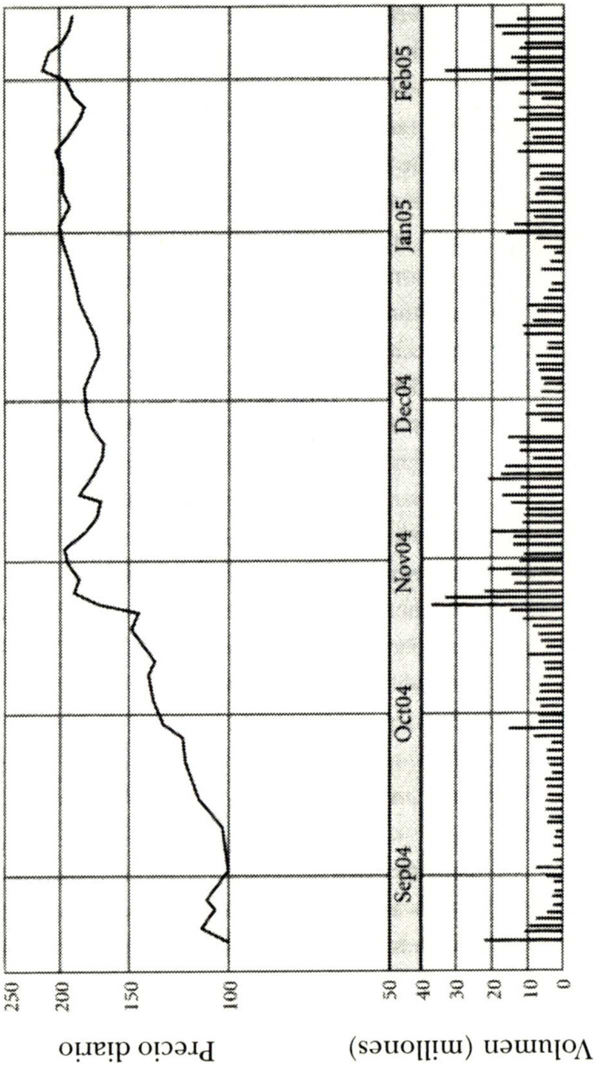

nas de las suyas. Incluso después de esto, pienso, poseerían el 27 por ciento. Parece que continuarán al mando de Google durante muchos años.

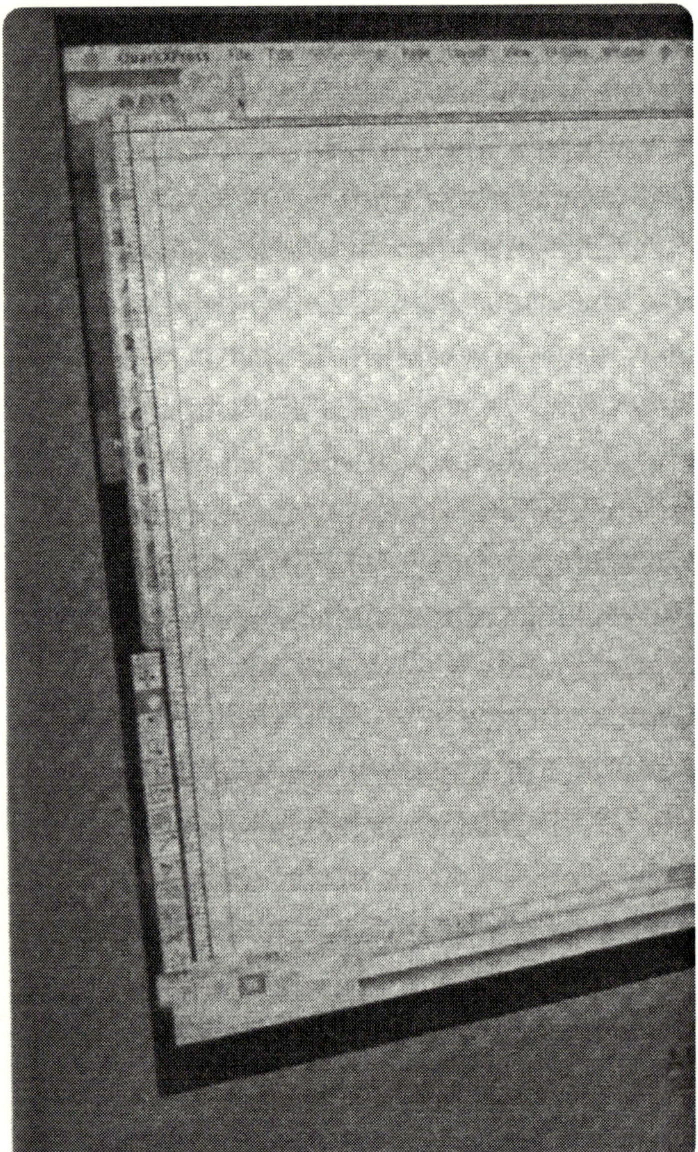
QuarkXPress

3

Elementos básicos de la marca Google

¿Qué es lo que hace, pues, a Google reconocible como *Google*? ¿Cuáles son los elementos que copiarías si esos molestos abogados no le demandaran hasta el último centímetro de tu vida?

Si vas a una gran consultoría de marcas (deberías recordar que yo había trabajado para una), y les preguntas sobre una nueva marca, o les pides que pongan al día su aburrida, anticuada marca, usualmente acabará con una «caja de herramientas». Que fantástico despilfarro de 400.000 dólares, dirás. Pero, afortunadamente, esta caja de herramientas no contiene aburridas herramientas como martillos y destornilladores; en vez de eso contiene, hablando metafóricamente todas las piezas y tornillos que usted necesita para mantener su nueva elegante y brillante marca. A menudo se les llama los elementos básicos de la marca. Yla marca Google también los tiene.

Por lo común, esto significa algún tipo de logo. Un conjunto de colores (usualmente llamado una paleta de colores). Además requiere un tipo gráfico, que puede ser exclusivo o no, y algún tipo de «sistema» visual –la manera de usar las líneas, los espacios, y esas cosas–.

Y entonces las cosas empiezan a ser un poco más difíciles de definir. En estos días las marcas no solo tienen este tipo de aspectos prácticos, también tienen gran cantidad de aspectos emocionales. Aquí es donde la jerga del marketing se hace (y, a veces, deliberadamente) confusa. Obtienes una «idea», «esencia», o «posicionamiento» de marca. En otras palabras, alguna manera de expresar de qué va la marca, que la hace diferente de sus competidores. A veces esto se descompone, también, en otras partes, como una visión (el punto de vista de la marca sobre el mundo), una misión (como va a alcanzarse su visión) y, a menudo, un conjunto de valores –usualmente adjetivos que describen la «personalidad» de la marca o su comportamiento). Si eres particularmente desafortunado, toda esta información podría llegar en un diagrama, elegante pero, a fin de cuentas, casi enteramente *baffing*, llamado algo así como una «rueda de la marca», o peor, definido de acuerdo con una plantilla o «clave de la marca». Luego puedes obtener un tono de voz (tengo un inalienable interés en hacer que esta parte suene inteligente y valiosa, porque es lo que yo hago). El tono de voz es una manera de traducir los valores de la marca en una manera de escribir o de hablar. Así pues si, como Orange, quieres sonar «amistoso» entonces el tono de voz te aconsejará hablar sobre «tu» y «yo» más que sobre «nuestros clientes» y «la Empresa», o no decir cosas que suenen demasiado formales. Cuando empiezas a pensar sobre las voluminosas cajas de herramientas con que acaban muchas marcas, entonces Google empieza a parecer muy simple. Vamos a echar un vistazo a los componentes que hay en Google.

El Logo

El logo de Google no es nada más que las letras de su nombre, pero hay mucha personalidad impregnada en esas pocas letras.

Es un tipo de letra con serif –esos pequeños trazos rectos en las esquinas de las letras de estilo tradicional–. Pero no parecen demasiado pasadas de moda; no es una fuente tan seria como el Times New Roman. Es minúscula en la mayoría de los casos, y los diseñadores le dirán que esto genera un sentimiento amistoso; DESPUÉS DE TODO LAS COSAS PARECEN MUY OFICIALES O MÁS BIEN MALHUMORADAS EN MAYÚSCULAS. Hay unos detalles estrafalarios, como el airoso trazo inclinado en la barra que cruza la «e», y en el hecho de que casi no alcanza el gran abombamiento de la letra. Detalles como éste hacen que las letras de Google parezcan inusuales, incluso como manuscritas.

Hay más que meros consejos de manual en el logo de Google: los colores primarios sobre el gran fondo blanco, la leve sombra y la calidad tridimensional de las letras que casi las eleva a personajes, en todo el sentido de la palabra.

De acuerdo con Cindy MacCaffrey de Google, Sergey Brin diseñó el logo «para reflejar capricho y diversión. Con su coloreados bordes redondeados, se hace próximo y amistoso pero transmite seriedad respecto a lo que hace.» No es infantil, pero el logo tiene un encanto que nos devuelve a la mayoría de nosotros a nuestra infancia. Naturalmente todo esto es deliberado. Refuerza la idea de que Google es más simple que el resto, e incluso, quizás, un poco más inocente.

Sin embargo lo más notorio sobre el logo de Google es que cambia. De vez en cuando, especialmente en festividades y grandes acontecimientos, el logo aparece adaptado con dibujos que se parecen mucho a los dibujos animados. En las palabras de una de mis fuentes más cínicas, una agencia de marcas digitales, que no quiso ser nombrada:

> Los logos son diseñados por alguien que aún se describe a sí mismo como su «*webmaster*» y les llama sus «garabatos» (que lo son) no por una agencia de marcas. Que optes por llamar «mar-

ca» a tu logo es cosa tuya; yo le llamaría simplemente un logo –el tipo de logo, mucho como el logo de Yahoo!, pasaría como desfasado y un poco estúpido si lo presentara a un cliente hoy.

Ahora este tipo de diversión de estudiante va contra una de las grandes reglas de la marca. En mis días de consultor de marcas, repetía el *mantra* «mantenga su logo siempre» hasta que se me ponía la cara azul. Piensa en Nike, donde casi la única consigna sobre la marca es «no se meta con el trazo». O en lo que le ocurrió a Britsh Airways, cuando remplazó las colas con la bandera británica por una serie de imágenes de todo el mundo: ha vuelto al diseño único, gracias, en gran parte a una airada Margaret Thatcher, cubriendo con su pañuelo una de esas «monstruosidades», y gracias también a una escandalizada campaña por parte de algunos de los medios de comunicación británicos más reaccionarios.

Bien, volvamos a Google. No son solo los «logos festivos» los que cambian. Cuando llevas a cabo una búsqueda en Google, al pie de la página de resultados, aparece un pequeño indicador de cuántas páginas de resultados se han encontrado, »Goooogle» para unas pocas, «Goooooooooooooogle» para montones. Se puede ver el mismo alargamiento juguetón del nombre en los anuncios que Google proporciona a los sitios de otra gente. En este caso aparece en una barra tipo Google a la derecha de la página web, pero no en el logo de Google o en los colores (presumiblemente, para no intentar «competir» con la imagen de marca del resto de la página). Pero jugando con el nombre –incluso en el texto normal– se logra trasmitir la personalidad de Google, incluso en ese entorno tan limitado.

El hecho de que Google esté dispuesto a jugar con su logo sugiere que el sentido del humor no es ajeno a Google y que no se toma a sí mismo demasiado en serio. No es sorprendente que los «logos festivos» hayan creado un culto menor en

Internet que consiste en contemplarlos y coleccionarlos. (Esto me recuerda la marca inglesa de bebidas Innocent, que tiene un conjunto cambiante de historias en el lateral de sus botellas.) Hay una voluntad de irreverencia, incluso de iconoclasia. Es una manera desenfadada de reforzar el sentimiento «antiempresa»: no cogerás a IBM jugando con sus sagradas líneas azules.

Esta tendencia bromista es muy frecuente en Google. Un primero de abril (Día de los Inocentes anglosajón) su página remplazó su usual texto publicitario sobre *PageRank*™, por una página sobre *PigeonRank* (plagado, como sabéis los más versados sobre ordenadores, de chistes técnicos.)

Esta disposición a jugar es una de las facetas más importantes de Google como marca. Muestra que quiere captar a sus usuarios y compartir con ellos un poco de diversión. Y para captar a alguien, necesitas mostrar algo de tu propia humanidad. Una empresa sin rostro no vería la ventaja de ir jugando, pero un grupo de personas sí. Así, sin tener que «apuntarse al equipo» de una manera muy consciente y poco agradable, empiezas a sentir que Google es un servicio llevado por personas reales con personalidades reales. Y esto son buenas noticias para mí como usuario porque, vamos, yo, también, soy una persona real. Esto me hace pensar que son más capaces de comprender lo que yo quiero y necesito de ellos.

El nombre

Ahora puedo continuar un poco por aquí. Como he dicho, increíblemente, yo acostumbraba a ser pagado sólo por pensar en nombres para productos y empresas. Puedo hablar sobre esto incluso demasiado, así que, si te encuentras cabeceando durante el próximo par de párrafos, simplemente salta a la sección siguiente.

Cuando era un denominador profesional, Google era mi nombre de marca favorito. Es bastante genial. Muchas personas odian los nombres inventados cuando los oyen por primera vez, y muchos se ven, con razón, con recelo –los Atrias y los Consignias tienen mucha responsabilidad en ello–. Lo que es tan inteligente respecto a Google es que, aunque es un nombre inventado no suena extraño. Es un nombre que pudiera haber existido en inglés; simplemente no fue así (aunque ahora ha recibido el sello de aprobado por el diccionario). Hay otro aspecto de la marca Google que evoca la inocencia de la infancia: un sonido «oo» es que aparece en montones de otras, palabras inusuales, ligeras, divertidas, como –*oodle* (montón), *caboodle* (xx), *goon* (yy). Y la repetición de la «g» añade otro poco de diversión fonética y lo hace aún más memorizable.

Como hemos visto, el nombre está supuestamnte basado en un número.

Veámos lo que la empresa dice sobre el nombre:

> «Google» es un juego con la palabra *googol*, que fue acuñada por Milton Sirotta, sobrino del matemático americano Edgard Kasner, y fue popularizado en el libro, *Mathematics and the Imagination* de Kasner y James Newman. Se refiere al número que representado en la cifra 1 seguido de 100 ceros. El uso por Google del término refleja la misión de la empresa de organizar la inmensa, casi infinita, cantidad de información disponible en la Red.

Es un nombre que, a un tiempo, introduce el nacimiento académico de Google, e insinúa las masas de información que Google «tritura» cada vez que buscamos.

Naturalmente usted no necesita conocer la historia para que le guste el nombre. Probablemente la mayoría de los usuarios no tienen ni idea. Pero, para los que saben, es una historia de fanáticos de la técnica que le da a la marca Google más profundidad y más credibilidad. Es otro signo de la autenticidad que falta en otras, marcas más populares. Una de las razones del escepticismo de los medios con respecto a las marcas es que creen que todo son plumas y no sustancia –y los nombres de empresas inventados de la nada parecen apoyar esa creencia. Google pertenece a un pequeño grupo de jóvenes marcas que han escogido nombres con historias detrás (Starbucks es otra: Starbuck era un personaje de *Moby Dick*). Los relatos dan un sentido histórico a algo nuevo, incluso dan una sensación de alma. Otro destello de humanidad en el mundo empresarial.

Hay otros dos aspectos interesantes en la popularidad de Google como nombre. El primero es que la gente se siente libre para jugar con él –he visto gente llamarle cosas como «el *Googster*» o «la gran G.» Es una buena señal: usualmente, una marca, es un indicador de que la gente tiene un sentimiento tan cálido sobre ella –o, al menos, de que le es tan familiar– que se sienten autorizados a aparecer con su propia versión del nombre. Piensa en Bud (por Budweiser), Coke (por Coca-Cola), Mac(por MacDonals).

Del seguno aspecto ya hemos hablado: Google ha penetrado tan a fondo dentro de nuestros cerebros que, en realidad, se ha convertido en un verbo, Natalie Woodhead, de la agencia de marcas digitales Rufus Leonard, dice, «Es un buen verbo. «*Googlea*» es el amistoso y profesional modo de decir, «pregúntaselo a mamá». Además, siempre cumple; nunca contesta, «pregunta a tu padre.»

«*Googlear* (to *google*)» naturalmente, significa «buscar algo en Google». Más específicamente significa buscar una persona y, a menudo, una posible cita. Pero esto es algo que hace estremecerse a un abogado en marcas registradas. Porque, mientras podrías ver como algo halagador que tu nombre alcance un uso tan general (y engendre otros, como *Googlehawk* y *Google bomb*), esto también puede significar hasta cierto punto que

La tecnología detrás de los grandes resultados de Google

Como usuario de Google, tu estás familiarizado con la velocidad y la exactitud de una búsqueda en Google. ¿Cómo, se organiza Google para encontrar los resultados correctos para cada consulta tan rápidamente?

El corazón de la tecnología de búsqueda de Google está en PigeonRank ™, un sistema para clasificar páginas-web desarrollado por los fundadores de Google: Larry Page y Sergey Brin en la Stanford University.

Construido según el revolucionario trabajo de B. F. Skinner, Page y Brin pensaron que grupos de pichones (*pigeon clusters – PCs*) podrían ser usados para calcular el valor relativo de las páginas-web más rápido que editores o algoritmos basados en máquinas. Y mientras que Google tiene docenas de editores trabajando para mejorar cada aspecto de nuestro servicio diario, PigeonRank sigue proporcionando la base para todas nuestras herramientas de búsqueda en la web.

¿Porque la patente PigeonRank de Google funciona tan bien?

El éxito del PigeonRank depende en primer lugar de la gran capacidad de aprendizaje del pichón doméstico (Columba livia) y su capacidad única para reconocer objetos sin reparar en la orientación espacial. El pichón común gris puede distinguir fácilmente entre artículos, mostrando las más diminutas diferencias, una habilidad que le permite seleccionar los sitios-web relevantes entre miles de páginas similares.

Reuniendo bandadas de pichones en grupos densos, Google es capaz de procesar peticiones de búsqueda a velocidades superiores a las de los buscadores tradicionales, los cuales, normalmente, dependen de pájaros de presa, gallinas ponedoras o lentas aves acuáticas para hacer sus clasificaciones de importancia.

Cuando una petición de búsqueda llega a Google, es dirigida a un gallinero de datos donde monitores relámpago examinan páginas a la velocidad del rayo. Cuando un resultado relevante es observado por uno de los pichones en el grupo, golpea con el pico una barra de acero recubierta de caucho, lo cual asigna a la página un valor en PigeonRank de uno. Por cada picotazo, el PigeonRank aumenta.

Las páginas que reciben la mayoría de los picotazos, son devueltas a la parte superior de la página de resultados al usuario, y los resultados se presentan según el orden de picotazo.

Integridad

Los métodos basados en los pichones de Google hacen que la manipulación de nuestros resultados sea extremadamente difícil. Mientras que algunas web-sites sin escrúpulos han intentado mejorar su ranking a base de incluir en sus páginas migas de pan, semillas para pájaros, y loros posando seductoramente con brillantes plumajes, la tecnología de Google PigeonRank no puede ser engañada por estas técnicas. Una búsqueda de Google es una manera fácil, honrada, y objetiva de encontrar web-sites de alta calidad con información relevante para su búsqueda.

Glosario Google

To Google
Buscar información en Internet sobre algo

Google bomb
Manipular deliberadamente la tecnología de Google para que cuando ciertas palabras de búsqueda sean introducidas, seas dirigido a un sitio en particular.

Google dance
El periodo del mes durante el cual Google actualiza su índice de páginas-web

Googlewhacking
Un juego de Google, en el cual un jugador intenta encontrar una palabra de búsqueda de dos palabras (ambas palabras han de estar en el diccionario) que aparece en un mismo resultado en Google. Inspiró el libro *Googlewhack Adventure* del humorista británico Dave Norman.

Googler
Alguien que trabaja en Google

has perdido el control sobre él. Conforme pasa el tiempo la gente podría aplicar «googling» a «buscando algo en la Red usando un buscador»; y ese buscador no necesitaría ser Google. Es por esto que la gente en Inglaterra dice que va a comprar un «*hoover*» y vuelve con un (aspirador) Electrolux.

Naturalmente, una vez que entra en el lenguaje y se convierte no sólo en un término general sino en el término genérico, hay otro problema. La trampa es que usted no puede proteger términos genéricos por ley. Su nombre puede quedar totalmente inutilizado como marca, sin que nadie pueda usarlo, ni tú ni tus competidores. Es por esto que empresas como Rollerblade («patines en linea») gastó una fortuna en expertos abogados que se dedicaron a escribir a las publicaciones que usaban «rollerblading», pidiéndoles que lo corrigieran a «patinando en linea (in-line skating).» Y mientras escribo este libro hay informes de que Google esta haciendo exactamente eso. Ha escrito al autor del sitio-web WordSpy para que tenga en cuenta el status de «*Word*» como marca registrada. (Este es el compromiso que otras marcas como Hoover hubieran tenido que conseguir.). Es difícil seguir la línea que está entre la forma y la obicuidad.

La apariencia y el sentir

Usar Google es un placer. Y en parte, esto es así porque nos ahorra el asalto virtual, que muchas marcas se sienten obligadas a inflingirnos. Sus páginas dan una sensación de calma, gracias a todo ese gran espacio en blanco. El espacio en blanco es la clave del éxito de la apariencia y el sentir de Google. Cualquier diseñador gráfico digno de sus gafas de montura negra, le dirá que ese espacio en blanco –en anuncios, documentos, o páginas-web– quiere sugerir que las cosas son fáciles, y que todo está bajo control. Esa fue una de las grandes diferencias entre Google y sus competidores, junto con la falta de pop-anuncios y banderolas. También le da a Google un aire decididamente «vieja escuela».

Ese aire se refuerza por la manera cómo presenta sus anuncios que, están en un área cuidadosamente segregada, y aún más importante: son solo palabras. No logos que pasan zumbando, no luces centelleantes, no neones de color. Google reivindica que esto aún tiene mucho éxito, porque el anuncio está únicamente dirigido a lo que la gente está buscando. Pero tiene, además, el beneficio añadido de que nada en ninguna página compite con el ambiente general «Google». Demasiado a menudo las marcas de la Red ceden el control, y nuestra atención, a terceras partes.

Si hay algo más que texto, mantiene el estilo del logo de Google, como las viñetas del interior de la página, muy bien coloreados pero de tamaño moderado. Google es un sitio divertido para estar, pero no está loco.

El tono de voz

La manera como Google habla es una parte importante de su marca. La mayor parte del tiempo evita los clichés y la jerga empresarial que usted podría esperar de una empresa americana de un nuevo medio en el siglo XXI. Su lenguaje es, decididamente, cotidiano, familiar. Glyn Britton, de Ingram Partnership, dice, «No nos hablan desde arriba o desde abajo, hablan con nosotros.»

Consideremos el botón «Voy a tener suerte». Es una de las cosas que vemos más a menudo cuando vamos a la página de Google. Naturalmente, se espera que la suerte no tenga nada que ver. El botón «Voy a tener suerte» te lleva a un resultado, y sólo a uno. Google está apostando fuerte al hecho de que habrá encontrado la respuesta correcta. En algunas empresas, puedes imaginar la gran promesa, la carrera apresurada de los 0.18 segundos llenos de excitación… y entonces, bien, pues, no gran cosa. Una mueca de decepción. Un anti-climax. Un momento decididamente poco brillante. Pero el auto desprecio de las palabras «Voy a tener suerte» te impide quedar decepcionado. En vez de eso dice, «Sabemos que esta es aún una ciencia imperfecta, pero mirémoslo por el lado positivo. Te podrías sorprender…» En vez de culparles sientes más bien que están en tu bando. Estamos en esto juntos. ¡Consigamos los resultados!

Aunque Google podría no estar sólo en este tipo de tono relajado con sus usuarios, la mayoría de grandes empresas tienen vergüenza de hablar de este modo cuando se trata de una audiencia de inversores. Normalmente se arguye que esta audiencia se impresiona por el profesionalismo y la gravedad. No se permite una brizna de diversión. Nada que parezca demasiado testarudo o personalista es tolerado, porque se considera que algo así preocupa a la comunidad de los inversores. Es como si de repente, siendo trabajadores de a pie de una oficina, nos dijeran que hemos de hablar con un accionista o analista y nos viéramos obligados a usar todos los equivalentes lingüísticos del maletín y el traje oscuro.

Si hay algo que no va con Google es el maletín y el traje oscuro. Yo, por ejemplo, admiro realmente la habilidad de Google para ser fiel a su propia voz. No importa con quién esté hablando. Para mí, la carta de Brin y Page a los inversores potenciales en el momento de la IPO es una clase magistral en el tono de voz de una marca. Aún permaneciendo fiel a su personal, sincero, y familiar tono de voz, sigue siendo creíble, y completamente lleno de confianza en sí mismo:

> Google no es una empresa convencional. No pretendemos convertirnos en una de ellas. A través de la evolución de Google como empresa privada, hemos gestionado Google de una manera diferente. También hemos enfatizado un atmósfera de creatividad y reto que nos han ayudado a ofrecer un imparcial, preciso y libre acceso a la información para aquellos que confían en nosotros en todo el mundo.
>
> Sergey y yo nos proponemos escribirle una carta como ésta cada año en nuestro informe anual. Lo haremos por turno para que puedan conocernos directamente. Le pedimos que lea esta carta conjuntamente con el resto de este prospecto.

Sergey y yo fundamos esta empresa porque creíamos que podíamos proporcionar un servicio importante al mundo: la entrega instantánea de información relevante en prácticamente cualquier tema. Servir a nuestros usuarios es el corazón de nuestro proyecto y sigue siendo nuestra prioridad número uno.

Nuestro objetivo consiste en desarrollar servicios que mejoren significativamente las vidas del mayor número de personas. En la consecución de este objetivo hacemos cosas que creemos tendrán un positivo impacto en el mundo, a pesar de que a corto plazo los beneficios financieros no sean obvios.

Por ejemplo, intentamos llegar a casi todo el mundo, trabajando con más de 90 idiomas y suministrando muchos servicios gratis. La publicidad es nuestra principal fuente de ingresos, y los anuncios que proporcionamos son relevantes y útiles más bien que entrometidos y molestos. Nos esforzamos en proporcionar a los usuarios una óptima información comercial.

Muchas empresas están bajo la presión de mantener sus ingresos en línea con las previsiones de los analistas. Por lo que suelen aceptar ingresos menores y previsibles en lugar de grandes y menos previsibles beneficios. Sergey y yo creemos que esto es perjudicial y pretendemos dirigirnos en la dirección opuesta.

No nos asustarán proyectos de alto riesgo con alto rendimiento por la presión de los ingresos a corto plazo. Algunas de nuestras apuestas pasadas han ido extraordinariamente bien, y otras no. Como consideramos la consecución de tales proyectos como la clave de nuestro éxito a largo plazo, continuaremos perseverando.

No es por accidente que esta declaración de política llegue en forma de carta –un tipo de escritura que corresponde, en esencia, a una persona escribiendo a otra. No es sorprendente que un enfoque tan fresco causara algunos murmullos en el informe financiero.

Lo más importante: esta es la voz de una empresa que sabe lo que es, y que no tiene miedo de mostrarlo. Está diciendo: aceptadnos como somos. Lo que veis es lo que hay. En su carta, los fundadores de Google reconocen su deuda con el renombrado inversor Warren Buffet, de Berkshire Hathaway. De hecho cita algunas de sus palabras al pie de la letra:

> No «maquillaremos» los resultados trimestrales o anuales: si las cifras de ingresos son negativas al llegar a la oficina central, serán negativas cuando usted las reciba.

No significa que siempre lo consigan, naturalmente. A veces también caen en la jerga: «como proveedor de servicios y monetización para los usuarios...» Y, a veces, pueden exagerar la felicidad corporativa: «En la central, en *Googleplex*, casi todos comen en el Café Google (conocido como «El sitio de Charlie»), sentados en cualquier mesa que tiene un sitio libre y disfrutando de la conversación con *googlers* de todos los diferentes departamentos.» Quizás esto sea la resaca del recuerdo de los propósitos en la Universidad de Stanford. Es el tono superpositivo de alguien que está exagerando un poco demasiado.

La arquitectura de la marca

Espero que me perdonen unas pocas incursiones en términos eruditos sobre marcas a lo largo de este el libro. «Arquitectura de Marcas» es una manera rápida de hablar sobre cómo las diferentes marcas que una empresa posee encajan entre sí. Multitud de empresas acaban con más de una marca, sea porque inventan nuevos productos para nuevos clientes, sea porque las compran, o por cualquier otra razón.

Digamos que tengo una empresa llamada Taylor (ya quisiera) que produce discos, si quiero que todos mis deseos se cumplan de una vez. Digamos ahora que he diversificado en la producción de instrumentos musicales; luego haciendo sombreros y yogurt bajo el nombre de Taylor. Entonces podría pensar en nombres diferentes para estos negocios, de manera que la gente en el exterior no sabría necesariamente que todos ellos son producidos por mí.

Este enfoque tiene distintas ventajas y desventajas. Probablemente será más barato llamarle a todo Taylor. Ahorraré en cosas de papelería y será más fácil establecer contratos cuando afecten a la totalidad del negocio. Por otra parte, podría ser peligroso. ¿Qué ocurre si un yogurt Taylor envenena a alguien, o incluso lo mata? Sólo por compartir el nombre, mis otros negocios se verían afectados. Darles a todos ellos nombres distintos significaría que yo podría dirigirlos mejor a los distintos mercados de esos productos, y me haría más fácil vender las diferentes partes del negocio.

Buenas noticias para Tony Blair, sin embargo: hay una Tercera Vía, un término medio. Yo podría darles nombres diferentes, pero hacer que parecieran y promovieran sentimientos similares. Tengo lo mejor de ambos mundos. Los diferentes negocios se benefician de la asociación con lo bueno de un imperio Taylor en rápida expansión, mientras, al mismo tiempo, me dejan un poco de distancia por si las cosas se complican o necesito el dinero que podría obtener vendiéndolos.

Mientras que a los expertos en políticas de marca les gusta presentar estos tres diferentes enfoques de la arquitectura de las marcas como tres enfoques separados (descritos con los nombres de «monolítico», «respaldado» e «independiente»), muchas grandes empresas acaban con una mezcla de todos ellos, o usan diferentes enfoques en momentos distintos así pueden acercar algunas marcas al núcleo del proceso y alejar otras.

Luego, no es sorprendente que Google haga, también, un poco de todo.

Muchos de sus productos (incluyendo las versiones específicas de Google para cada país) tienen nombres descriptivos y están junto a un gran logo Google. Este es el modelo llámale-a-todo-Taylor (quizás un poco más famoso que el de marcas como BMW). Google también posee algunas marcas, como Bloggler, que no tiene ninguna relación visual o verbal con Google. Hay algunas en una posición intermedia. Froogle tiene su propio nombre (aun cuando recuerda deliberadamente a sus padres, en un típico juego con los nombres), pero aparece con el mismo estilo de historieta, en colores primarios, como el logo de Google. Hasta qué punto esta estrategia es pensada, resulta, probablemente, como en la mayoría de las empresas, discutible. Más bien, parece ser una decisión del momento. Lo cierto es que Google ha quedado con un esquema bastante típico que le ayuda a gestionar el «riesgo de marca» en nuevos acuerdos y adquisiciones.

4

Principios de la marca Google

Las cosas sobre las que hemos estado hablando aquí son hasta cierto punto los aspectos «tangibles» de la marca Google. Los logos, el nombre, el lenguaje y los colores son cosas que podemos ver, si no tocar. Pero el objetivo fundamental de una marca es que esos elementos tangibles provoquen una reacción en los usuarios y clientes potenciales –una reacción que es más emocional. O sea que desarrollamos una serie de asociaciones intangibles que son disparadas por las tangibles.

Por lo tanto, por detrás de todos estos distintos elementos, hay un sentimiento real asociado a la personalidad de Google, o su cultura, o su filosofía, o su marca –sea como sea que escojas llamarle. Yo prefiero pensar en ello como en el ADN ¿cuáles son los segmentos que definen el ser de Google? O como las rocas junto al mar: si parte a las personas, y a los productos en dos (metafóricamente hablando, claro) ¿que verá conectándolos? Yo creo que hay varios elementos que confluyen para que surja una gran idea.

1. Irreverencia y una sensación infantil de diversión

Esto se ve en su tontear con su logo, incluso con su nombre, y en los improvisados partidos de jockey que tienen lugar en el *Googleplex.*

Desde el punto de vista de un forastero, Google no se toma a sí mismo seriamente. Incluso dice, «no somos serios en nada que no sea la búsqueda». Naturalmente sabemos que, en el fondo, hay el serio negocio de moverse a través de miles de millones de bits de datos en Internet para darnos la información que queremos, por no mencionar la ganacia que implica. Además sabemos que los *googlers* no son tontos. Sin embargo, están dispuestos a jugar. Es entrañable por su humanidad mente humano. También es una posición empresarial valiente. Exige mucha confianza: confianza en la inteligencia de sus usuarios que verán que eres bueno en lo que haces, a pesar de que gastes mucho tiempo ganduleando por ahí. Y es un signo de confianza en sus empleados, que acogerán este espíritu y le sacarán el máximo partido, sin abusar de él.

Aquí hay, también, una paradoja. Porque Google dice igualmente, «se puede ser serio sin llevar un traje». Parece estar diciendo, «sí, estamos jugando, pero no nos subestime».

2. Concentrándose en la búsqueda

Ocurre que, de acuerdo con Rita Clifton, presidente de Interbrand en Inglaterra, «En 19 de 22 categorías de productos, la empresa que poseía la marca líder en 1925 todavía la posee hoy –Nabisco, Kellog's, Kodak, Del Monte, Wrigley's, Singer, Campbell's, y Gillette entre ellas.» Lo que llama la atención sobre esas longevas compañías es que están muy estrechamente asociadas con un, poco estrecho, rango de productos, y durante décadas han suministrado, concienzudamente, buenos ejemplos de esos productos. Como es lógico nunca sabremos si les hubiera ido tan bien, o hubieran, siquiera, sobrevivido, con diferentes marcas. Pero está claro que el éxito de la marca es en gran parte debido a lo que se está vendiendo.

Muchos de los buscadores, han cambiado varias veces de estrategia en pocos años. Al principio, como Google, empezaron con una filosofía similar. Lógicamente, el «mejor» buscador era el que le llevava, a través de su puerta a su auténtico destino, lo más rápido posible –una puerta giratoria, de hecho. Pero muy pronto pensaron que estaban dejando pasar algo. Si tienes millones de personas gastando a través de tu sitio-web, tienes una oportunidad de ganar dinero con ellos. El problema es que, cuanto más rápido salimos, menos tiempo tienen de vendernos algo. Así, con el tiempo, el modelo de los buscadores cambió.

En vez de intentar que la gente saliera de sus sitios, decidieron animarles a que permanecieran allí, ofreciéndoles diferentes productos y servicios. Excite, por ejemplo, diversificó en cualquier cosa que pudo imaginar, para mantenernos en su site durante unos pocos segundos extra. De repente apareció *Excite predictores de la fortuna*, juegos Excite, *Excite labores de punto on-line* (de acuerdo, me inventé este último).

«Permanencia» se convirtió en el Santo Grial. La búsqueda de la permanencia puso al modelo del buscador patas arriba. Se convirtieron en destinos más que en conductos.

Nosotros éramos blancos de tiro. Dependiendo de los buscadores para usar Internet, éramos un blanco irresistible para cualquiera y cualquier cosa que quisieran tirarnos encima. Con los ingresos como fuerte incentivo, se hizo más difícil saber qué hacían, realmente, esas marcas, y que las hacía diferentes unas de otras.

Todas se semejaban a locales de juegos con centros comerciales. Jez Frampton, director ejecutivo de Interbrand en Reino Unido, dice, «El mayor talón de Aquiles en la web es la tentación de serlo todo para todos.» Frampton continúa, «Google se ha mantenido fiel a su propósito, se concentra en ser aún mejor en él, y nunca nos abandona o confunde.»

El fundador de Google Larry Page explicaba correctamente la situación en 1999: «Excite, Inktomi, y Yahoo! no están realmente interesados en la búsqueda –creen que es una mera comodidad, pero esto no es así.» Luego ha dicho:

> Irónicamente, hacia finales de los noventa muchos de los portales empezaron como buscadores. Yahoo! fue la excepción, pero Excite, Infoseek, HotBot, y Lycos empezaron como buscadores. Diversificaron y no se tomaron la búsqueda tan en serio como debieran haberlo hecho. «Buscar» se vio como otro servicio, nada más, uno entre otros 100 diferentes servicios. Con 100 servicios supusieron que tendrían 100 veces más éxito. Pero aprendieron que no todos los servicios fueron creados con la misma finalidad. Encontrar informaciones es mucho más importante para la mayoría de la gente que los horóscopos, los valores en bolsa o un amplio rango de otras cosas, todas ellas tienen su mérito, pero buscar es, sustancialmente, más importante. Perdieron esto de vista. Esta es la razón por la que creamos Google. Creímos que «buscar» es un problema importante que requiere una seria concentración. Éste continúa siendo nuestro enfoque.

Contrariamente, la «permanencia» de Google fue a su filosofía básica de proveer la mejor búsqueda –una búsqueda que supiera exactamente lo que usted buscaba, y le entregara, exactamente, lo que usted quería. Como decía Cindy McCaffrey de Google, «Parece contra-intuitivo al concepto de permanencia, pero el enfoque de Google es permitir que la gente encuentre la información lo antes posible y siga su camino.» Explicita su filosofía en el site como otra de sus «10 cosas»:

Es mejor concentrarse en algo que diversificar sin sentido. Google hace búsquedas. Google no hace horóscopos, asesorías financieras o chats.

Con el mayor grupo en el mundo enfocado exclusivamente en resolver problemas de búsqueda, Google sabe lo que hace bien y sabe cómo hacerlo mejor. A través de un trabajo continuo con problemas difíciles, Google ha sido capaz de resolver temas complejos que bloquean a otros y proporcionar mejoras continuas, en un servicio que ya está considerado el mejor de la Red. Innovaciones como el comprobador de deletreado y la barra de herramientas de Google, que permite a los usuarios utilizar Google desde cualquier sitio-web, hacen de la búsqueda una experiencia rápida y cómoda para millones de usuarios. Toda la plantilla de Google está dedicada a crear el buscador perfecto y trabaja sin descanso hacia ese objetivo.

Google es aún, considerado como el buscador más rápido, lo que le da un empuje bastante inusual en el negocio –la gente sale de él en bandadas. Aunque este enfoque no «exprime» a cada usuario todo lo posible, anima a un tipo distinto de permanencia– la lealtad a largo plazo. La gente vuelve muchas veces al día porque sabe que obtendrá lo que quiere sin que les vendan agresivamente. Como las marcas con longevidad, Google se ha mantenido en su producto básico. Es un enfoque que ha impresionado a los analistas de marcas Symon Sweet, estratega de marcas en Bluestone, dice «se niega a devaluar la marca por un beneficio a corto plazo, y es lo suficientemente adulto como para darse cuenta de que las grandes marcas están en el juego del largo plazo. Es una regla de la estrategia de marca, pero realmente determina si la marca va en serio o no.»

Pero esto deja a Google con la cuestión de cómo crecer, una vez el mercado mundial de la búsqueda esté saturado (lo que, admitámoslo, todavía tardará un poco). Google realmente permite que sus empleados gasten un 20 % de su tiempo desarrollando nuevas ideas que no tengan una relación inmediata con lo que la empresa está haciendo ahora. Irónicamente pues, podría ser que el claro enfoque de Google le haga más difícil crecer en otras áreas. John Allert, consejero delegado de Interbrads UK, dice, «Cuanto más estrechamente definida esté la proposición de marca de Google menos «permiso» le dará el usuario para emigrar a otras categorías.»

Como hemos visto, aquí es donde Google ha sido bastante astuto en la idea de la «arquitectura de la marca». Google ha añadido, o planea hacerlo, muchas posibilidades a su función básica de buscar en la Red –búsqueda en discos duros, una calculadora, un diccionario, etcétera. Hay otras ideas que, incluso si no siguen exactamente el modelo del buscador, están en linea con la idea básica de «le ayudamos a obtener información», a través de la Red o de otra manera. Esos productos reciben nombres descriptivos bajo el paraguas de Google. Y, a pesar de lo que Page dice, Google posee ahora tecnologías que permiten a las personas chatear, o hacer otras cosas no relacionadas con la búsqueda. Pero esas otras colaboraciones y adquisiciones, como *Boggler* o el sitio-web de relaciones sociales *Orkut,* no aparecen ante el usuario abiertamente como productos de Google, aunque sabemos que son de su propiedad. De este modo la pureza de la *Googleness* de Google no queda mancillada.

Algunos de los recientes desarrollos y compras –*Blogger, Orkut,* y *Gmail*– sí que incrementan la permanencia en el sentido tradicional. De momento la búsqueda no queda afectada, y ahí es donde Google gana su dinero. Pero recuerde que Google quiere abrirse camino en muchas otras áreas de su ordenador; quiere que incorporemos la búsqueda en nuestro propio disco duro; quiere que usemos *Gmail* y le dejemos buscar en nuestros e-mails en lugar de archivarlos. Éste quizá no es un enfoque «de permanencia», pero nos da aún más oportunidades de usar Google.

3. El usuario en primer lugar

Esto se demuestra al no permitir anuncios emergentes y no aceptando publicidad pagada. Esta es otra de las grandes reivindicaciones de Google, que forma parte de las «10 cosas»:

> Ante todo prioridad del usuario.
>
> Desde su concepción, Google se ha concentrado en proporcionar la mejor experiencia de uso posible. Mientras muchas empresas dicen poner a su cliente por delante, pocas son capaces de resistir la tentación de hacer pequeños sacrificios para incrementar el valor para el accionista. Google ha rehusado, resueltamente, hacer ningún cambio que no suponga un beneficio para el usuario que va al *site*.
>
> - El *interface* es claro y simple.
> - Las páginas se cargan inmediatamente.
> - El orden de los resultados de búsqueda nunca se vende a nadie.
> - La publicidad en el site debe ofrecer un contenido relevante y no ser una distracción.
>
> A base de priorizar al usuario, Google ha construido la audiencia más leal de la Red. Y el crecimiento no ha venido a través de campañas de anuncios en la TV, sino por el boca a oreja de un usuario satisfecho a otro.

Para entender porqué este *mantra*, en apariencia tan obvio, es tan importante, necesitamos recordar como era el mundo antes de que llegáramos a conocer la Red. Cuando Internet se abrió camino como un incendio en nuestras vidas, fue bastante desconcertante para mucha gente. Amedrentador, en realidad. El abismo entre toda la información que había allí fuera, y lo difícil que era encontrarla, podía ser espeluznante.

Como hemos visto, los buscadores, que llegaron más bien rápidamente, fueron la respuesta: se convirtieron en herramientas esenciales para que los novicios, como yo, encontraran su camino. Ycomo eran esenciales para utilizar la Red, vieron que además de vender sus propios productos y servicios, podían hacer dinero con publicidad, mientras esperábamos los resultados de nuestras búsquedas. No es sorprendente entonces que fueran atiborrados con banderolas y anuncios emergentes.

Si aceptamos que los buscadores son algo que el público llegó a ver como una parte esencial de Internet, no es sorprendente que la gente no quisiera sentirse explotada por ellos. Google estimó, correctamente que, con el tiempo, el enfoque de vender, vender, y vender, molestaría a los usuarios. Como reconoce McCaffrey de Google, «Si un usuario está esperando para descargar algo, y entonces le aparece un anuncio, es molesto. Nosotros ofrecemos óptimos resultados de búsqueda sin tiempo de espera.» Es una posición de principio que también tiene sentido empresarial a largo plazo. Si no molestas a tus usuarios, volverán.

No solo la gente percibe que Google es mejor en el trabajo, sino que, en comparación con la competencia, fue un gran descanso llegar ahí. Era limpio, claro, despejado y parecía (y lo sigue pareciendo) el más efectivo. Menos agresivo y menos comercial.

Esta concentración en el usuario hace que Google *parezca* presentarse sin propósitos demasiado comerciales. Yo defendería que su agenda es, a su manera, igualmente comercial, pero ha sido suficientemente valiente y disciplinado, para ver que, si bien esta intransigente concentración en el usuario puede tener un coste a corto plazo, pagará dividendos a largo plazo. Éste es, también, el corazón de la teoría de la marca.

Paradójicamente, concentrándose en el usuario, Google ha hecho lo que dijo que no haría en el momento de su concepción: «construir la marca». No tuvo que construir la marca en detrimento de construir un gran producto. Sino que, la visión a largo plazo de sus fundadores del potencial del producto, y su fe en situar la experiencia de uso en primer lugar le han hecho ganar, también, respeto y lealtad desde el punto de vista del usuario. Y, ¿para qué sirve una marca si no es para garantizar la lealtad?

La búsqueda como servicio público

Esta concentración y esta visión a largo plazo han tenido otro positivo efecto secundario para Google. Yo creo que la gente lo ve, como un servicio público y no como un negocio para ganar dinero. El éxito del buscador de la BBC en Reino Unido parece reflejar el deseo del público de un servicio público de búsqueda. En una encuesta reciente, la BBC estaba entre los primeros diez buscadores citados por el público, aunque su uso no era, ni mucho menos, tan alto. Esto sugiere que la búsqueda es aquel tipo de cosas que creemos que deberían ser ofrecidas como un servicio público.

El espíritu de servicio público de Google también parece, hasta cierto punto, aislarle de las críticas que, inevitablemente, llegan con el hecho de ser el número uno, y con ventaja. Simon Waldman en el *Guardian* dice, «como resultado de su propio ingenio, y de la lentitud de algunos de sus rivales, ahora ejerce una especie de dictadura benigna sobre la Red.» Si Google continúa siendo visto como benigno, a pesar de su enorme poder, necesita fomentar ese sentido de servicio público. Pero Google tiene críticos, y algunos también son ruidosos, como Daniel Brandt de Google Watch (www. googlewatch.org). Dice, «Google es tan importante para la Red en estos momentos que, probablemente debería ser un servicio público.» Como regulador, sin embargo, Brandt se apunta.

Este elemento de la personalidad de Google también explica porque cambió la orientación de la luna de miel de Google cuando los medios de comunicación se olieron una serie de iniciativas que parecían ir contra esta personalidad de casi-servicio-público. Gmail, el proyectado servicio de Google de e-mails, escarbaría a través de los mensajes por e-mail de la gente, y presentaría anuncios relacionados con las palabras que encontrara (usando la misma mecánica desarrollada para AdSense) en una zona de anuncios similar a la que encuentras en la página de resultados de búsqueda. Si aceptamos el argumento de que esto parece una invasión de la privacidad, todavía es peor por ser Google quién lo hace. Es lo que podríamos esperar de los feroces capitalistas de Microsoft, pero no de los ciudadanos con espíritu de servicio público de Google.

La búsqueda de la innovación

Este deseo de pensar ante todo en el usuario también da a Google la responsabilidad de como encontrar constantemente maneras de mejorar nuestra experiencia con Google. Y esto significa que deben impulsar la innovación.

Google necesita mantenerse en cabeza del juego. Y lo está intentando –en este momento parece estar anunciando y probando una nueva función cada semana, o comprando otras empresas que tienen tecnologías que a Google le gustaría incorporar. Ya he mencionado su política del 20%, que deja a sus empleados una quinta parte de su tiempo para gastar en nuevos proyectos que pueden estar, o no, relacionados con la oferta básica de Google, y que pueden tener o no tener éxito. Esta es una cultura de innovación institucionalizada.

La manera como Google comunica sus innovaciones es significativa. Las nuevas funciones y los nuevos productos suelen ser introducidos de uno en uno, a través de una simple nota de texto en la página principal, a menos que usted vaya a buscarla activamente (aunque los medios, bastante a menudo, hacen mucho ruido al respecto). Así sus innovaciones se presentan meramente como una expresión de su compromiso por un mejor producto. Para la mayoría de la gente, la innovación no es una parte destacada de la personalidad de Google, pero sí deberíamos reconocer que es innovador. Pero engancha su carro de innovación a un propósito superior: buscar mejor. La innovación se presenta como un medio para un fin, no como un fin en sí mismo.

Internamente, de todas formas, y para los auténticos entendidos, la innovación es presentada como un fin –de ahí la política de la quinta parte. La empresa fue construida alrededor de una tecnología innovadora, atrae personas creativas, y los mantiene motivados y frescos exactamente con ese mensaje.

4. Honestidad y apertura

Se muestra en la presentación clara de sus anuncios y en los principios de su *software.*

> Google no intenta engañarnos –presenta sus anuncios como anuncios, y aún mejor que esto, hace anuncios útiles.
>
> Glyn Britton de *Ingram Partnership*

Una de las características más entrañables y humanas de Google es su voluntad de hacer transparente su manera de trabajar. Gana el dinero con la publicidad, pero en vez de promocionar enlaces pagados en la lista de sus resultados, presenlaramente como «enlaces patrocinados» uesto, todavía sería más claro decir «publici- que el mismo Google dice sobre esto:

n negocio. Los ingresos que la empresa genera se derivan de ofrecer su tecnología de búsqueda a otras empresas como *America Online* y el *WashintonPost.com* y de la venta de anuncios basados en una selección por palabras. Sin embargo, puede que usted no vea nunca un anuncio en Google. Esto es debido a que Google no acepta anuncios errantes que aparezcan indiscriminadamente en cada página de resultados. Cada anuncio debe se relevante en relación con la página de resultados donde aparecen, así sólo ciertas búsquedas producen enlaces patrocinados que aparecen encima o al lado de los resultados. Google cree firmemente que los anuncios pueden proporcionar información si, y sólo si, son relevantes para lo que usted desea encontrar.

Google ha probado, también, que la publicidad puede ser efectiva sin ser llamativa. Google no acepta anuncios pop o complicados. Los anuncios de texto que están correctamente dirigidos obtienen un ratio de uso más alto que unas llamativas banderolas si aparecen al azar. Los grupos de maximización de Google trabajan con los anunciantes para mejorar la efectividad de la campaña, porque unos ratios de uso altos son una indicación de que los anuncios son relevantes para los intereses del usuario. Para facilitar que el pequeño anunciante aproveche las ventajas de este medio altamente dirigido, Google introdujo AdWords, un programa de publicidad de autoservicio que permite a las empresas presentar anuncios dirigidos por palabras clave en minutos, usando solamente una tarjeta de crédito.

La publicidad en Google está siempre claramente identificada como «Enlace patrocinado». Es un valor básico para Google que no puede comprometer la integridad de nuestros resultados. Nosotros nunca manipulamos los rankings para poner a nuestros asociados más arriba en nuestros resultados de búsqueda. Nadie puede comprar un mejor PageRank. Nuestros usuarios confían en la objetividad de Google y ningún beneficio a corto plazo justificará nunca abusar de esta confianza.

Google ha juzgado correctamente que si es honesto con nosotros, entonces confiaremos más en él. La honestidad genera confianza, y la confianza afianza su reputación y nuestra lealtad. La preocupación de Google por su reputación, y nuestra lealtad, muestra que se interesa por los principios de la Política de Marca, incluso si huye de la temida palabra. M. Jeff Bezos de Amazon lo expresó con claridad: «una marca es lo que la gente dice de ti cuando no estás en la habitación.»

La carta de Sergey y Larry a Wall Street tiene el mismo candor (incluso si se lee como una lista de ataques preventivos). Establece, de entrada, todas las cosas que van a hacer y que no van a gustar a los financieros: hacer lo bastante conservando la mayor parte del poder de voto para ellos mismos; evitar las previsiones a largo plazo; hacer inversiones de riesgo alegremente si la recompensa potencial, a largo plazo, es lo bastante grande; y finalmente, comprar una acción de Google es apostar por ellos.

De nuevo, además de una honestidad que desarma, hay una satisfactoria coincidencia de tono en todas sus comunicaciones, a la comunidad de inversores, detrás del telón, con lo que nos dicen a nosotros, meros usuarios. Una parte del site de Google habla sobre un conjunto de principios que creen que todos los que desarrollan un sofware deberían seguir (y que Google ya sigue):

INSTALACIÓN

Creemos que el *software* no debería engañarte para conseguir que lo instale.

INFORMACIÓN PREVIA

Cuando una aplicación es instalada o abierta, debería informarte de sus principales y más significativas funciones.

DES-INSTALACIÓN SIMPLE

Debería ser fácil para tí encontrar como desinstalar o borrar una aplicación.

COMPORTAMIENTO CLARO

Aplicaciones que cambien o afecten tu experiencia como usuario deberían dejar claro que ellas son la causa de esos cambios.

FISGONEAR

Si una aplicación recoge o transmite información personal tuya, tal como tu dirección, tu deberías saberlo.

MANTENER BUENAS COMPAÑIAS

Los proveedores de aplicaciones no deberían permitir que sus productos formen paquetes con aplicaciones que no sigan estas líneas de conducta.

Pocas empresas están tan claramente motivadas por principios, o son tan transparentes sobre esos principios. Este énfasis en la transparencia es claramente deliberado. Cuando Google quedó enredado en el debate sobre la supuesta invasión de la privacidad de la gente por Gmail, se puso a la defensiva, pero en su habitual estilo abierto y honesto. Primero, Brin reconoció las razones por las que la gente era un tanto escéptica respecto al servicio: «es un producto de alta calidad, a mi me gusta usarlo. Incluso si al principio parece un poco espeluznante.» Pero luego dijo, «cualquier servicio de mail revisará sus e-mails. Los revisa para mostrárselos, los revisa para controlar el correo basura. Todo lo que puedo decir es que somos muy claros sobre esto. Éste es un principio importante para nosotros.»

Page añadió, «usted debe confiar en cualquiera que maneje su e-mail.»

Confianza: de nuevo esta palabra. Está en el corazón de cualquier gran marca, pero especialmente de Google. Confianza es, naturalmente, el beneficio que, para la marca y el negocio, Google obtiene de su política de honestidad. Hace que nos guste, y nos predispone, eso esperan, a permanecer con él en el futuro. Pero apelar abiertamente a la percepción popular de que eres de confianza puede volverse en contra, como ocurrió cuando Tony Blair se escapó de un escándalo financiero diciendo, «Yo soy una persona recta.» Si levantas las sospechas del público demasiado a menudo, y haces demasiadas protestas de formalidad, dejarán de creerte.

Naturalmente, es muy fácil decir todas estas cosas. No es suficiente con decir que eres sincero; los consumidores ven enseguida cuándo les están manipulando. *Demostrar* que eres realmente sincero es más impresionante. Y los «Google Labs» son una demostración. Es un área del sitio donde los que son como tú o como yo pueden ir y apuntarse a proyectos de Google que están aún en desarrollo. Pide comentarios, y naturalmente, con un espíritu de sinceridad, deja claro que esas ideas todavía no funcionan perfectamente. No sólo es sincero, también es integrador: me hace sentir, a mí como usuario, que soy realmente parte de Google, y que me puedo hacer un favor a mí mismo haciéndolo funcionar aún mejor en el futuro. (Yo estoy actualmente prestando la capacidad que no utilizo de mi ordenador para proyectos de investigación que necesitan un poco de capacidad de reserva. Otros tests, que están funcionando mientras escribo, incluyen la búsqueda en disco duro de Google y Gmail)

Pero antes de que todo esto se vuelva demasiado bucólico, veámos las nubes que se aproximan. Daniel Brandt de Google Watch, es uno de los mayores críticos del gran G. Él es uno de los que creen que la cara pública de sinceridad y *High-Tech* estilo hippy está encubriendo un comportamiento más siniestro, comportamiento que está usando artilugios como la barra del escritorio y la búsqueda en disco duro para almacenar montones de información sobre mí y lo que miro en Internet, mucho más tiempo de lo que la mayoría de la gente consideraría razonable. En palabras de Jack Schofield del *Guardian*:

> ¿Ha buscado alguna vez información sobre el SIDA, cáncer, enfermedad mental, o el equipo necesario para construir bombas? Google lo sabe porque ha puesto un número de referencia único en una galleta (cookie) permanente en su disco duro (que no expirará hasta el 2038). También sabe su dirección de Internet (IP).

También acusa a Google de penalizar activamente a los poseedores de sitio-web que cuestionan la tecnología PageRank™, dejándolos caer al fondo de esos rankings de los que se lamentan. Google Watch cree, también, que es la percepción del público sobre la sinceridad de Google lo que le ha permitido salirse con la suya en todo esto.

No hay duda de que conforme Google se hace más grande internacionalmente, y más poderoso, su espíritu de sinceridad entrará cada vez más en contradicción con la gestión del día a día del negocio, y por los grupos de presión que buscan ayuda (o para hacer callar las voces disidentes). El territorio ético de Google ya no es blanco o negro, sino que se vuelve cada vez más gris.

Google Watch cree que un fuerte desafío para Google viene del Este. Cuando Google fue bloqueado por el gobierno chino –que impidió a 46 millones de usuarios de Internet encontrar información crítica sobre el gobierno chino– Google dijo que «estaba trabajando con el gobierno chino para resolver este tema». La diplomacia internacional al estilo de Mountain View significa que Google está funcionando en China de nuevo, con algunos enlaces para búsquedas sobre el Tibet, el presidente Jiang Zemin, y el movimiento espiritual Falun Gong retirados. ¿Es ésto ser sincero?

Un furor similar se levantó cuando Google retiró enlaces sobre la Operation Clambake, un sitio-web contrario a la iglesia de la cienciología, cuando la iglesia dijo que el site estaba infringiendo sus derechos de autor. Aquí está lo que Brian tuvo que responder:

> Los cienciólogos presentaron una demanda de copyright contra un sitio contrario a la cienciología. Contenía extractos de algunos de sus textos. El sitio «anti-Scientología Xeni.net», no presentó apelación. Cedió en cierta forma. Consecuentemente fuimos forzados a omitir sus resultados, pero explicamos lo que sucedió en la búsqueda. Si faltan cosas en una búsqueda, frecuentemente enlazamos con sitios web que explican las controversias. Así, si usted hace una búsqueda genérica sobre cienciología, obtiene un enlace a un sitio que discute los aspectos legales del por que el sitio anti-cienciología no es listado. Además, este sitio independiente enlaza con el sitio anti-Scientología. Como resultado usted dispone tanto de materiales contrarios a la cienciología así como con materiales a favor de ella.

Fue una solución al estilo de Google para este problema de aparente censura: si los enlaces fueron retirados como una manera, muy pragmática y empresarial, de eludir la cuestión, encontró un camino para ser sincero sobre su falta de sinceridad y reforzó sus principios.

Hay varias cadenas que constituyen el ADN de Google: su carácter juguetón, su sinceridad, su compromiso con la búsqueda, su concentración en el usuario, y su espíritu de servicio público. Los fundadores han hecho la suma, también:

No seas malo

Esto es lo más parecido a lo que los especialistas llamarían «la articulación de la marca.» Es una linea importante. Muchas empresas expresan sus ideas centrales en términos de negocio: «el proveedor de las soluciones logísticas más avanzadas,» «la experiencia de compra más moderna,» y cosas parecidas. La filosofía de Google trata menos sobre objetivos empresariales, es más un código moral, una manera de relacionarse con el mundo. Es, también, muy introspectiva. No trata sobre lo que va a hacer por los usuarios, simplemente se trata de como va a comportarse.

Se ha dicho muchas veces que las marcas parecen haberse convertido en un sustituto para la religión en la sociedad: ponemos nuestra fe en su coherencia y firmeza, y las usamos para identificarnos y alinearnos con otros. La agencia de publicidad Young& Rubicam llegó incluso a decir «La creencia en las marcas de consumo ha remplazado la fe religiosa como aquello que da sentido a las vidas de las personas.» Si esto es verdad, entonces Google está más cercano a una religión auténtica que la mayoría, un salto atrás desde un punto de vista abiertamente ético o religioso. Sus fundadores son claros sobre los principios morales que sustentan su comportamiento. Quizás no son los tipos infantiles que nos han hecho creer.

Desde nuestro punto de vista, en medio de la Googlemanía, es fácil ver porque algunas personas se han preguntado, «¿es Google Dios?» En su favor, digamos que Google reconoció –y lo hizo pronto en su historia– su potencial para tener una enorme popularidad, y por lo tanto poder. Después de todo, la mayoría de los sitios web deben hoy una buena parte de su tráfico a una indicación de Google. Pienso que deberíamos estar agradecidos, y quizás un poco aliviados de que, como Spiderman, se de cuenta de que un gran poder conlleva una gran responsabilidad. Brin y Page han dicho, «buscar y organizar toda la información del mundo es una tarea inusualmente importante que debería ser llevada a cabo por una empresa que sea de confianza y esté interesada en el bien público.» El resultado es que Brin y Page han creado una empresa a su propia imagen, una empresa construida por personas que, de alguna manera, sospechan de las empresas.

¿O piensa usted que estoy loco? ¿Me he tragado un trozo de manipulación empresarial con anzuelo y todo. «No seas malo» es un reclamo que tiene fuerza, pero es demasiado general? Es cierto que «no sea malo», aunque fuerte, es vago. La mención de un «Eje del Mal» del Presidente George W. Bush suscitó el rechazo de todo el mundo y fue considerada como una visión del mundo reaacionaria, absolutista y de derechas, provocada por su propia y dogmática forma de pensar. ¿Por qué, una empresa como Google –dirigida a usuarios de Internet de todas las religiones y filiaciones políticas– querría meterse en un territorio tan delicado como el tema de lo bueno y lo malo? Mi secreta y anónima fuente periodística tiene un punto de vista cínico sobre el enfoque de Google:

> Creo que un montón de gente respeta la resistencia de Google a empastar sus propias páginas con *skyscrapers* y *leaderboards*, incluso si ellos mismos los ofrecen a otros. De hecho están promoviendo el odio de los usuarios sobre los miembros de su programa de publicidad, mientras ellos aparecen como unos santos.

La explicación de los fundadores sobre sus motivos es, simplemente, que sienten que es correcto hacerlo. Y confiesan los problemas que conlleva una filosofía así, en una entrevista en *Playboy* que les trajo muchos problemas en el momento de la IPO.

BRIN: Respecto al «No seas malo», hemos intentado definir precisamente lo que significa ser una fuerza que tiende hacia el bien –hacer, siempre, lo correcto, lo ético. A fin de cuentas, «No seas malo» parece el modo más fácil de resumirlo.

PAGE: Aparentemente a la gente le gusta más que «Sé bueno»

BRIN: No es suficiente no ser malo. Nosotros también tratamos activamente de ser buenos.

Esto empieza con los mismos chicos. Por ejemplo, ambos conducen un Toyota Prius, un coche que funciona con una combinación de electricidad y energía tradicional. Pero las cosas que Google hace para «tratar de ser activamente buenos» no están tan lejos de lo que muchas grandes empresas hacen. He intentado alimentar su relación con la base de partidarios, técnicos y expertos que tanto hicieron para establecer su credibilidad en los primeros días. Lanzó el programa Google Contest después de ofrecer 10.000 dólares, y un viaje al Googleplex. (Daniel Egnor, que lo ganó, diseñó una manera de buscar páginas-web en un área geográfica específica.) Brin dice: «tenemos ayudas en forma de publicidad para organizaciones sin ánimo de lucro. Unas doscientas organizaciones –que van desde ecologistas a escolares, médicas, o dedicadas a anticiparse a distintas clases de abusos gubernamentales– reciben publicidad gratis en Google.» Page añade, «Estamos, también, trabajando para montar una fundación Google que tendrá iniciativas aún más amplias».

Estas son actividades bastante corrientes para cualquier gran empresa que tiene un ojo puesto en «la responsabilidad social corporativa». Está claro que «no seas malo» o «sé bueno» (dependiendo de si ves tu vaso medio lleno, o medio vacío) son realmente mucho más importantes como principios y respaldan la manera de hacer negocios de Google. Page dice: «El concepto «Sé bueno» también se aplica cuando diseñamos nuestros productos. Nosotros queremos que tengan efectos sociales positivos. Por ejemplo, acabamos de lanzar Gmail, un servicio de e-mails gratuito. Nosotros dijimos, «No mantendremos su correo como rehén. Permitiremos que lo retire de Gmail si un día lo desea.»

Incluso si «no seas malo» está muy lejos del clásico slógan, es una declaración de intenciones y un poderoso «principio central de organización», que es como Rita Clifton , presidente de Interbrand en el Reino Unido, define una marca. En muchos aspectos es un principio liberador: dice que no tenemos que jugar según las normas de una gran empresa normal, si consideramos que no es la manera correcta de actuar, y la IPO de Google es un ejemplo.

Creo que su filosofía ha desempeñado un papel importante en la aceptación popular de Google que la ha hecho la marca más apreciada de los últimos tiempos. Pero también es una gran carga. Hasta cierto punto si plantas tu bandera en el terreno moral, estás preparando la caída, y después de la debacle de Gmail hay algunas evidencias de que los usuarios ven cualquier sospecha de comportamiento «corporativo» –cualquier signo del «mal» del que Google habla– con más desagrado en Google que en una organización distinta. De hecho, una tal declaración previa de convicción moral hace que las acusaciones de hipocresía y mojigatería, sean bastante más fáciles.

Y también invita a preguntar, ¿quién decide, que es malo? Eric Schmidt ,consejero delegado de Google, dijo una vez, «malo es todo aquello que Sergey decide que es malo.» Page y Brin dicen:

> Siempre le sienta mal a alguien, no importa lo que hagamos. Tenemos que tomar una decisión; de otro modo es un debate sin final. Algunos temas son claros como el cristal. Cuando son menos claros y hay diferentes opiniones, algunas veces hemos de

desempatar. Por ejemplo, no aceptamos anuncios de licores fuertes pero aceptamos anuncios de vinos. Es, simplemente una preferencia personal. No aceptamos anuncios de armas, y al *lobby* de los fabricantes de armas le molestó. No intentamos imponer nuestros principios éticos en los resultados de la búsqueda, pero lo hacemos cuando se trata de la publicidad.

Te desarma oír que Google admite que sus absolutos morales no son absolutos. Pero cuanto mayor y más poderoso se hace, más debe enfrentarse a problemas como el bloqueo chino de Google, o el debate sobre la búsqueda de la cienciología. Sus decisiones caen, cada vez, bajo un análisis y una crítica mayor.

Estos incidentes suponen un problema para Google. Ha definido la manera de trabajar de su tecnología como «excepcionalmente democrática.» Así, a medida que Google se haga más grande será más difícil cuadrar el círculo de proveer un acceso sin intermediarios a Internet, y el interés de los poderosos «grupos de presión» –la derecha americana, el gobierno chino, o cualquier otro– que pueden ser cruciales para el éxito de Google o el acceso del público a él.

Incluso en la estructura misma de Google hay una paradoja. Ésta es una empresa que apareció por un proceso excepcional de su IPO para animar más a los accionistas individuales que a los inversores institucionales, un enfoque más «democrático» para mantenerse lejos del mal camino corporativo. Aunque también escogieron una estructura no convencional para preservar el poder del «triunvirato» en la cima de Google. Usted podría sostener que esto va, directamente, contra la transparencia, la democracia, y la responsabilidad, y que limita el derecho de esta base de accionistas individuales a influenciar de verdad en la toma de decisiones. Parece un aspecto básico de Google: una gran idea, una dosis de humanidad, y una posición, de alguna manera moralmente contradictoria, que lleva el sello inequívoco de los poderosos que hay en la cima.

Esas diferentes cadenas de ADN empiezan a explicar mucho de lo que nos gusta de Google. Pero, no sólo nos gusta, según *Brandchannel.com*: es nuestro favorito. Pienso que es la combinación de esos elementos lo que, realmente, hace poderoso a Google, una marca que las personas dicen que «aman». Estos ingredientes, combinados, nos llevan a otras conclusiones favorables. Hay un todo que es mayor que la suma de las partes.

1. Google es original, incluso iconoclasta. El conjunto de Google está bastante lejos de lo habitual Supongo que por esto Google, a veces, acaba siendo descrito como «disparatado», aunque yo no creo que lo sea. Es demasiado inteligente para serlo. Pero ha sido gestionado para mantener el sentimiento de una pandilla informal de mentes similares, más que como una empresa. Y, durante mucho tiempo, fue el valiente desvalido (y todos queremos al desvalido –¿o sólo nosotros los británicos?), que no tenía miedo a jugar con reglas distintas contra los poderosos, un pequeño secreto que era enrollado defender; un personaje. A veces, incluso, critica a sus competidores directamente (como cuando Larry Page criticó directamente a Excite, Lycos, y a otros por haber olvidado la importancia fundamental de la búsqueda para la mayoría de los usuarios de Internet).

2. Google es humano. Muchos de los rasgos que Google esconde en su manga –como su sentido del humor y su honestidad– son rasgos que normalmente están asociados a personas y que admiramos en ellas. Piensa en la función *Zeitgeist* (Sorpresas, pautas y tendencias de búsqueda, que indica las búsquedas más populares en cada momento), o el botón «Voy a tener suerte». Son cosas que Google no necesitaba hacer para impresionarnos o para ser tomado en serio como buscador.

Pero las hizo, porque pensaba que podían ser interesantes o divertidas. Simplemente porque le pareció correcto.

Otras empresas más clásicas tratan de presentarse con atributos más tecnológicos: eficiencia, eficacia o innovación, que están más de moda. Es irónico que una empresa que creció alrededor de la innovación tecnológica como Google no se haya presentado así, sino, como un trabajo de seres humanos, personas reales, que tienen opiniones, explican chistes, y dibujan garabatos.

«No seas malo» es la expresión máxima de esto. Después de todo, es un punto de vista moral. Yno hay nada más personal, y, por lo tanto, más humano que un sistema moral.

3. Google es auténtico. Si aceptamos que Google se ha presentado a sí mismo con éxito como humano, debemos considerar que es parte de un movimiento más amplio. Este movimiento ha sido descrito como «autenticidad», que es una palabra que he usado unas pocas veces hasta ahora para describir lo específicamente distinto de la marca Google. La autenticidad trata de experiencias que son más «reales» que las artificiales y, organizadas, que las supermarcas tradicionales pueden ofrecer. Las marcas que tendrán éxito en la era de la autenticidad son las que, como Google, parecen menos manipuladas, y más democráticas.

Esto pone a Google en claro contraste con la mayoría de las grandes marcas del siglo XX. Coca-Cola y las de su estilo trataban de cosas simples dichas a todo volumen: mensajes simples, repetidos casi sin cambios por todo el mundo, apoyadas por poderosas máquinas corporativas. Incluso si sus mensajes eran sobre las comunidades y armonía global, pocos de nosotros veíamos las empresas detrás de ellas como armoniosas comunidades de personas que nos iban a gustar si nos encontrábamos con ellas. Veíamos eficientes operaciones comerciales, produciendo regularmente productos aparentemente deseables. Esta falta de humanidad en la percepción de las empresas las hacía fáciles de caricaturizar. *No Logo* de Naomi Klein planteó los argumentos contra algunas de ellas. La cara blanda de los capitalistas implacables, que explotaban empleados y consumidores por un igual.

Si las marcas del siglo XX tratan de ofrecer seguridad –saber que podemos confiar en ellas para un suministro uniforme de lo que sea que produzcan: líquidos, ordenadores, zapatos– entonces, el auténtico negocio y las actividades de Google en el siglo XXI son menos eficientes, menos previsibles, y menos uniformes, pero van por buen camino. Los resultados del producto de Google son también, por su naturaleza, menos homogéneos, menos organizados, menos individuales, porque son siempre una respuesta a una pregunta individual. Es algo que queremos, no algo que nos venden. Parece que nos gustan esas marcas más auténticas, las disfrutamos, y confiamos en ellas en un nivel más profundo. El libro de David Boyle *Autenticidad: Marcas, falsificaciones, manipulación y sed de una vida real*, ha seguido el ascenso de la autenticidad como una preferencia del consumidor del siglo XXI:

> Empieza a estar claro que la fuerza cultural dominante del siglo que empezamos no será solamente global y virtual, será, de hecho, un poderoso entretejido de fuerzas opuestas: –globalización y localización, lo virtual y lo real, con una vanguardia que constantemente socava lo que está empaquetado y que arrastra al resto de la sociedad tras ellos.

Suena casi como Google, ¿no? Boyle también ve autenticidad en una considerable cantidad de fenómenos modernos. La popularidad de la comida orgánica, de los mercados de cultivadores, de los grupos de lectura, incluso de los políticos no-convencionales. Todo le parece como un retorno a experiencias de vida más auténticas, donde la mano de los humanos es lo más importante. Google, realmente, no puede decir que es una experiencia tan auténtica como, digamos, cultivar una patata y comérsela. Pero leamos la definición de Boyle de autenticidad:

> Autenticidad puede significar hermoso o natural, puede tener raíces geográficas o morales, pero en el fondo significa humano. Significa que se reconoce toda la complejidad de la gente, que se reconoce su necesidad de contacto humano, que se reconoce, también, su singularidad e individualidad.

Para un producto que se basa en gestionar enormes cantidades de datos, que son examinados de manera automática por medios electrónicos, Google, sin embargo, ha hecho bandera de su humanidad. Ha recalcado la importancia de la inventiva humana en sus historias, y ha construido una cultura en sintonía con la condición humana más que con la rigurosa eficiencia empresarial. Incluso ha vuelto irregular e impredecible la manera como se presenta a través de los logos festivos. Pregunté a Boyle si clasificaría Google, de algo, según sus palabras, «virtual real»: una experiencia real (obtener la información en la que estoy personalmente interesado) a través de un sistema virtual:

> De alguna manera hay algo auténtico en Google y me he estado preguntando qué es. Supongo que es virtual real en el sentido en que Amazon lo es: te proporciona algo tangible (no algo efímero, así como algún tipo de conocimiento) y lo hace supremamente bien. Si lo compara con lo que teníamos antes de Google, es rápido, preciso, no te abruma con mensajes de venta –es, simplemente, bueno de verdad. Te trata como a una persona real, más que como

algún tipo de consumidor o una oportunidad de venta, quizás sea esto lo que le haga parecer auténtico.

Durante un par de días, (virtualmente, vía e-mail, naturalmente), David Boyle y yo hablamos más sobre de donde viene el sentido de autenticidad de Google. Él añadió:

> Cuanto más pienso sobre la autenticidad, más pienso que tiene que ver con la escala humana, el aspecto humano, con proporcionar una experiencia con textura –más que pseudos– experiencias ostentosas y brillantes. Y Google, supongo, te da mucho. No supone cosas por ti, no intenta automatizar lo que tú no quieres que sea automático; es, realmente, una experiencia de uso muy humana. Y naturalmente es gratis, aunque no estoy seguro que tenga nada que ver con esto. A la gente también le gusta el hecho de que se haya enfrentado al mundo financiero. ¡Esto, en sí mismo, puede volverlo más auténtico!

Finalmente, de camino al trabajo, se le ocurrió esta sugerencia: «Tengo la sensación de que la autenticidad proviene del sentido absoluto de la simplicidad.»

Boyle ve a Google, Amazon, y ebay como ejemplos de cómo Internet puede producir marcas relativamente auténticas. Cuando le pregunté que podría hacer Google para ser más auténtico, su respuesta fue «financiar bibliotecas», sacando así a Google del espacio virtual y colocándolo en el espacio tangible. Yo discutiría si ésto, realmente, haría a Google más auténtico. Después de todo el resultado final de la experiencia es el mismo: ir a algún sitio (*on-line* u *off-line*), a buscar información, encontrarla, y quizás obtener distracción y entretenimiento en el camino. En este sentido Google es, ya, tan auténtico como necesita ser.

Usted puede sostener que, también el marketing de Google es más auténtico que el de una marca tradicional. En lugar de publicidad, son aparentemente, historias reales las que pasan de boca a boca. Boyle dice:

> Ha evitado ser una marca tradicional: todo apariencia sin sustancia. Es lo que es, ni más ni menos, y, ciertamente, presentando a los seres humanos que hay detrás de la empresa, está usando la oleada de la autenticidad con mucha inteligencia. Pero de hecho, explicar historias sobre productos es, creo yo, de lo que el marketing auténtico –si eso existe– trata.

Rob Mitchell de MitchellConnerSearson dice, «Conscientemente o no, Google se ha posicionado contra la «imagen» y el boato de las marcas super-valoradas, pero básicamente vacías.» Esta «anti-imagen» se ha convertido, inadvertidamente, en la marca Google.

Un tema interesante aquí es que, en la era de la manipulación, de las políticas «con marca», con temas coherentemente organizados y constantemente repetidos, «salir de lo normal» se convierte exactamente en la marca de esa autenticidad que la gente está buscando. Algunos comentaristas creen que el deseo de autenticidad ha contribuido al éxito de políticos como Howard Dean en Estados Unidos o Ken Livingston y John Preston en Reino Unido. Esta perspectiva pone el proceso de la IPO de Google bajo una luz distinta. La comunidad financiera fue muy frívola al describir como «caótico» lo que ocurrió. Google se equivocó al menos en dos ocasiones importantes. Primero fue la publicación de una entrevista con los fundadores durante el «periodo de reflexión» que la ley de los USA requiere antes de una IPO. El hecho de que la entrevista fuera en *Playboy* no ayudó a reforzar sus impecables credenciales. El siguiente error de Google fue no declarar las acciones que había entregado a sus empleados, un incidente que amenazó con hacer descarrilar todo el proceso en el último minuto.

En términos de las relaciones públicas de las finanzas tradicionales, fueron resbalones graves. Pero como demostraciones de autenticidad fueron perfectos.

Allí estaban los fundadores charlando relajadamente con *Playboy* cuando deberían haber mantenido sus bocas cerradas, y fueron reñidos por los poderes públicos por hacer regalos a sus afortunados empleados. Ambas historias apoyaron la no-convencional y anti-corporativa marca. No estoy sugiriendo que esos incidentes fueran teatro. Pero un director de marca con un poco de ingenio no lo podría haber hecho mejor.

Google es un Americano internacional

Como la mayoría de las grandes marcas de siglo pasado, Google es Americano, pero, lo es de un modo distinto. Esas marcas llevaban su nacionalidad en la solapa: compartían el mismo «ADN de marca» que la propia América: libertad individual junto a una comunidad que une individuos diferentes donde todos son iguales y tienen las mismas oportunidades. Y han vendido, como marcas y con agresividad, su particular versión del sueño americano allí donde han viajado.

También aquí Google es diferente. Es de América sin ser abiertamente americano. Su compromiso de producir versiones locales de su sitio lo demuestra. Rechaza el concepto: «un tamaño sirve para todos». Este enfoque, abierto, cosmopolita, desde sus orígenes, ha protegido a Google de la reacción que otras marcas americanas han sufrido, cuando la dirección de la política americana ha deslucido la admiración general que gran parte del mundo había sentido por ellas hasta ahora.

Hay una Mecca Cola, un rival en el Oriente Medio del dominio de Coca-Cola, pero no un Mecca Search.

Search

5

Marcas como Google

Ninguna marca es una isla. Ninguna marca es completamente única. Cuando los consultores de marcas llegan con su lista de valores, es bastante posible que compartan algunos o todos ellos con otras marcas. Hay solo un número limitado de buenas cualidades a las que aspirar.

Piensa en tus amigos. Si te paras a pensar sobre porqué son amigos tuyos, probablemente encontrarás que tienen cosas en común, que están de acuerdo en otras, que comparten puntos de vista sobre el mundo, incluso, que comparten principios morales. Así, cuando en los grupos de trabajo las personas tratan de aclarar qué tipo de marca quieren construir o llegar a ser, a menudo, les pregunto que «marcas amigas» tienen. ¿Con qué otras marcas tienen un espíritu en común? ¿Si las marcas fueran personas, con quién les gustaría salir?

Decidí pensar sobre el círculo de marcas amigas de Google, y de dónde vienen sus conexiones.

Páginas amarillas

Considerado como producto, es el Google de una era diferente. Igualmente ubicuo, Yellow Pages tuvo que haber sido una maravilla cuando apareció por primera vez: un compendio de información útil, diseñado para darte lo que querías lo más rápidamente posible. Como Google se paga por los anuncios, pero presentados unos junto a otros para que hagamos nuestra selección sin influencias indebidas. Y como Google, se presenta a sí mismo como amistoso, fácil, accesible.

BBC

Una marca amiga del mundo de los medios (aunque Google defiende que, en realidad, es una empresa tecnológica, que es sólo la aplicación de la tecnología lo que le ha llevado al mundo de los medios de comunicación). La BBC es mucho más antigua, y bastante más pesada que Google, pero tienen algo en común. Que Google parezca compartir, ya, algo del espíritu de servicio público de la BBC, a pesar de ser nuevo y ganar dinero, es un gran cumplido a como ha actuado. Este espíritu de servicio público está apoyado en un sentido de la imparcialidad: la BBC informa de las noticias con imparcialidad, Google presenta los resultados de la búsqueda de manera imparcial.

Orange

Se podría sostener que es otra marca tecnológica. Orange llegó a Gran Bretaña y rápidamente hizo un gran impacto. Como Google, no fue el primero en su mercado, lo que, tradicionalmente, es una gran ventaja para un nuevo producto. Pero llegó a lo más alto de la tabla gracias a la comunicación emocional, y rechazando el enfoque abiertamente comercial de sus principales rivales.

Orange tiene, también, un sentimiento muy intuitivo de su propia personalidad, probablemente sea el legado de un pequeño y dedicado equipo de lanzamiento. Ahora está enfrentándose a los problemas con los que Google podría con el tiempo tener que enfrentrse:

¿Cómo seguir adelante cuando los líderes carismáticos, con su visión refrescante, se hayan ido? Orange está luchando para mantenerse distinto mientras crece internacionalmente, soporta la presión de su accionista comercial (France Télécom), y sus competidores le alcanzan en su habilidad de comunicar con atractivo.

Starbucks

Como Google, Starbucks es una marca americana con una perspectiva mundial. No proclama sus orígenes americanos de la manera como las gigantescas marcas americanas lo hicieron en el siglo XX, aunque también está conquistando el mundo. Ambos han escogido nombres y marcas construidas sobre historias, listas para ser descubiertas por los curiosos.

Starbucks, estoy seguro, comparte una filosofía similar al «No seas malo» de Google, con su compromiso por el desarrollo sostenible y el comercio justo. Pero el público y los medios parece que, están menos dispuestos a creerlo de Starbucks que de Google. ¿Es por que está físicamente en la calle? O, ¿por que entendemos algo más sobre venta al detalle que sobre los delicados entresijos de la Red? Sospecho que el cinismo del público sobre las marcas crece con el tiempo en cualquier mercado, y la Red es mucho menos familiar y comprensible para nosotros que una tienda. Probablemente Google se encontrará en una posición similar en pocos años.

Innocent

La marca inglesa de bebidas Innocent es la que está más cerca de hacernos sentir como Google. Así como Google es serio en la búsqueda, y en pocas cosas más, lo mismo ocurre con Innocent y los jugos. Usa envases simples y divertidos, y le gusta contarnos historias de sus oficinas, Fruit Towers, que, como el Googleplex, son sosas desde fuera. Esas historias han llegado a ser, de un modo similar, claves para la «mitología» de la marca. Hasta hace poco no gastaban mucho en marketing y publicidad, se concentraban en un gran producto y el boca-oreja hacía el resto. Tampoco es sorprendente que tenga unos líderes carismáticos, (igualmente un triunvirato) que empezaron algo pequeño, rodeados de una pandilla de amigos leales. Es una suerte que estas dos marcas no hagan lo mismo, sería casi imposible distinguirlas. Si estas marcas fueran realmente personas, probablemente patinarían juntas, vestidas de la cabeza a los pies con el vestuario de moda. Lo que demuestra que no existe eso que llamamos una idea original.

Los Simpsons

El otro día estaba mirando los Simpsons, y me chocó lo parecido que es su espíritu con el de Google. Ambos son americanos queridos en todo el mundo por su estrafalario sentido del humor, su inteligencia, y su negativa a conformarse con los estereotipos de sus respectivas industrias. Ambos tienen en su núcleo una especie de optimismo antisistema y amor por sus compañeros, hombres y mujeres. Vaya, incluso los colores son los mismos.

Y, sorpresa, sorpresa, Matt Groenging, creador de *Los Simpsons* es un fan de Google. Dice, «No es mi página web, pero lo podría ser. La uso para recrearme. La uso para leer las noticias. En cualquier momento en que quiero encontrar algo, la uso.»

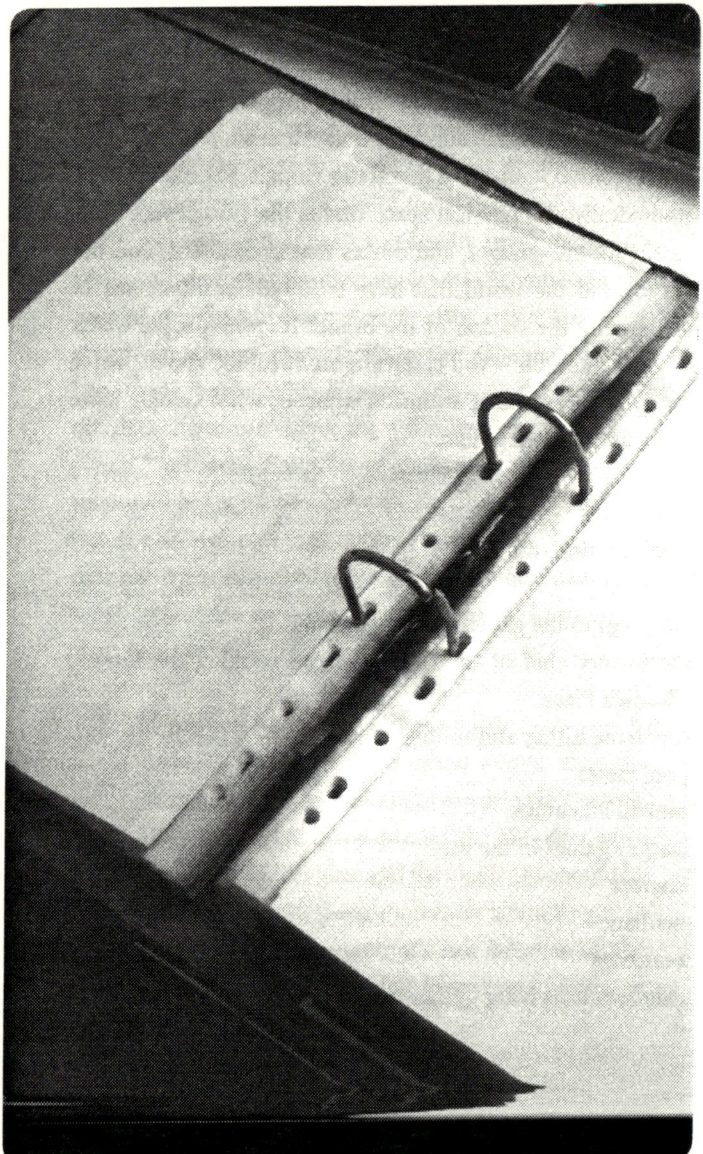

6

Dentro de Google

Las oficinas centrales de Google han fascinado a los medios. El Googleplex es el hogar de Google en Mountain View, California. ¿Por qué deberíamos preocuparnos por sus oficinas, podrías preguntar? Especialmente Google es una marca virtual; todas nuestras interacciones con ella ocurren en el éter. No tiene tiendas ni nada parecido. En general, el espacio físico parece que no debería importar a una marca como Google. ¿Pero, ¿le importa?

Paradójicamente, el espacio físico de Googleplex (y los dormitorios, garajes, y oficinas que le precedieron, y las oficinas alrededor del mundo que le han sucedido) es importante para entender el éxito de la marca. Por eso la gente mira «*Por el Agujero de la Cerradura*»: se puede aprender un montón sobre las personas por lo que dejan tirado a su alrededor. Es bien conocido que lo que Google deja por ahí son cosas como:

- Lámparas de lava
- Perros que corren en círculo
- Scooters
- Barriletes de cerveza en el jardín

- Al antiguo jefe de *La muerte Agradecida* cocinando en el «Charlie's Place»
- Juguetes
- Mesas de billar
- Maquinas del millón
- Partidos de *jockey* en el patio
- Médicos
- Dentistas
- Sacos de gimnasia
- Pelotas para hacer ejercicio allá y acá
- Una masajista
- Colores primarios

Ahora que ya he cumplido con mis obligaciones contractuales sobre las descripciones, podemos continuar. (Parece haber llegado a convertirse en una ley no escrita del periodismo que has de incluir en tu párrafo inicial sobre el Googleplex al menos tres de los detalles arriba indicados.)

Para una empresa que casi no ha invertido en publicidad, no es un accidente que el Googleplex haya llegado a ser una parte tan destacada de la historia de Google. Se han escrito artículos uno detrás del otro sobre la declaración de Googleplex, y sobre lo que está ocurriendo allí. (Lo que está ocurriendo es toda la actividad secreta que hace a nuestro héroe el más prodigioso buscador en el planeta.) Conocemos sobre él mucho más de lo que conocemos sobre otras oficinas centrales corporativas (admitámoslo, hay mucho más que decir). Pero el Googleplex se ha convertido en historia porque Google ha hablado sobre él; de hecho ha organizado visitas guiadas para los medios. En realidad, incluso se trata del inicio inicio de uno de los principales negocios del web site:

9. Se puede ser serio sin vestir un traje.

Los fundadores de Google han indicado, a menudo, que la empresa no es seria sobre nada que no sea la búsqueda. Construyeron una empresa alrededor de la idea de que trabajar debía ser un desafío y que el desafío debía ser divertido. Con este propósito, la cultura de Google es distinta a cualquier otra en la América corporativa, y no debido a las omnipresentes lámparas de lava y a las grandes pelotas de goma, o al hecho de que el cocinero de la empresa hubiera trabajado en la *Muerte Agradecida*. De la misma manera que Google sitúa primero al usuario, cuando se trata de nuestro servicio *on-line*, Google Inc. coloca a sus empleados primero, cuando se trata de la vida diaria en nuestras oficinas del Googleplex. Se pone el énfasis en los logros de equipo y el orgullo en los logros individuales que contribuyen al éxito general de la empresa. Las ideas se intercambian, se prueban, y se ponen en práctica con una velocidad que puede dar vértigo. Las reuniones que en cualquier otro sitio durarían horas son, frecuentemente, poco más que una conversación haciendo cola para comer y pocas paredes separan al que programa del que rellena los cheques. Este entorno propicio para la comunicación fomenta la productividad y la camaradería alimentada por la comprensión de que millones de personas dependen de los resultados de Google. Dé las herramientas apropiadas a un grupo de gente que quiera marcar la diferencia y lo harán.

También hablan sobre ello en las entrevistas. Larry Page ha dicho:

Pensamos mucho en cómo mantener nuestra cultura y los elementos divertidos. No sé si otras empresas se preocupan tanto de estas cosas como nosotros. Dedicamos mucho tiempo a tener bien nuestras oficinas. Pensamos que es importante tener una densidad de personas alta. Las personas están muy juntas en todas partes. Todos compartimos oficinas. Nos gusta este conjunto de edificios porque se parece más el abarrotado campus de una universidad que el típico polígono de oficinas.

No solo conocemos su aspecto. También conocemos que los empleados de Google (Googlers, se llaman ellos mismos) ocupan el 20% de su tiempo, desarrollando proyectos que no se relacionan directamente con su trabajo del día a día. Algunos de estos proyectos acaban en el cubo de la basura; pero algunos no. Algunos de ellos llegan a ser sorprendentes generadores de dinero para Google, y les ayudan a mantenerles en primera linea.

Google ha sido muy inteligente al convertir sus oficinas en parte de la historia de Google. Son sus astutos relaciones públicas los que dicen, «Así es como tratamos a nuestra gente, éste es el hogar que hemos hecho para ellos, así pues, ¿no somos el tipo de empresa que usted quiere usar? Como vimos antes, se parece mucho a la marca inglesa de bebidas Innocent, cuyas oficinas centrales, Fruit Towers (en realidad un edificio industrial en el lóbrego West London) y sus teléfonos tipo plátano han sido, también, llevados a la portada de la historia de la marca, la cual, los medios y eventualmente, los consumidores, han estado encantados de recoger, incluso si solo una minúscula proporción de ellos llegará alguna vez a visitarlas.

Google nos habla de su oficina y de sus políticas de recursos humanos, porque cree que nos dicen algo sobre la organización, algo que nos gusta oír. Y funciona, Youssef Squali de Jeffries dice que Larry Page y Sergey Brin de Google han «legado indudablemente su espíritu emprendedor y su naturaleza innovadora a sus empleados.» Es en historias como estas donde nosotros vemos que Google no es tan contrario a promocionar su marca quisiera que creyéramos. El entorno de Googleplex es una de las historias que montones de usuarios conocen sobre Google, así como los timoratos inicios de los fundadores. Se ha convertido en parte de su leyenda. Y no es sorprendente que el espacio y la cultura que contiene, refleje las mismas ideas que vemos en vivo cuando interactuamos con la marca en la web: no es convencional, es irreverente, y se interesa por la gente (y, al decir de todos, en el esclavitud de Larry Page y Sergey Brin: David Lindsey consultor de marcas de Wolf Ollins dice, «la cultura y el comportamiento son, notoriamente, juveniles y «disparatados» hasta el punto de ser ligeramente forzados y, a menudo, se nos dice, tienden a la autocracia»).

La historia de los Googlers que dedican un 20% de su tiempo a ideas aparentemente espontáneas a menudo se relaciona con su reputación de innovadores: Andy Hobsbawm, presidente de Agency.com, dice, «su cultura de innovación sistematizada es el resultado de (su) misión de crear servicios interactivos basados en la tecnología más inteligente y en mejores experiencias para el usuario. La forma de comportarse de la marca Google está definido por nuestras interacciones con estas útiles, simples, y brillantes innovaciones *on-line.*»

De nuevo, no quiero sugerir que esas cosas no son verdad – que el Googleplex no es tan divertido, o que no son tan innovadores. De hecho, han creado una cultura de la que sentirse orgullosos, y que refleja sus principios. Pero, también es cierto que han, usado deliberadamente esas historias para construir la marca Google. ¿Y quién puede criticarles?

Pero, aparentemente, no todo en el parque tecnológico es de color de rosa. Mientras escribo, el ex-Googler Briand Reid ha presentado una demanda contra Google por «discriminación por la edad». Afirma que se le dijo que no encajaba en la cultura de Google basada en la juventud y energía. Google, por su parte, niega enérgicamente la acusación. Y supongo que depende de su definición de edad. Reid está en la cincuentena, aunque muchos de los directivos principales de Google están sobre los cuarenta.

Reid afirma, también, que fue contratado debido a problemas que ya existían en el Googleplex. Dice que fue reclutado para «corregir algunos problemas muy serios ... con los trabajadores», relacionados con la gestión y el escaso ánimo de las mujeres en el Googleplex.

Sea cual sea la verdad en este caso, el Googleplex todavía es un lugar de trabajo, e incluso un lugar de trabajo lleno de lámparas de lava debe tener sus altibajos. Susan Wojcicki, la primera trabajadora de Google, que dejó Intel para convertirse en una Googler, dice que Larry y Sergey «construyeron Google para ser el entorno de sus sueños.» Y es evidente que, el entorno soñado por dos jóvenes emprendedores obsesionados por los ordenadores no es una idea del paraíso válida para todo el mundo.

7

¿Gran marca o gran producto?

Las grandes marcas son grandes empresas. Interbrand fue pionera en la evaluación de marcas, una manera de dar valor financiero al «fondo de comercio» de la marca. Este valor ha sido aceptado hasta el punto que usted puede, ahora, ponerlo en su balance, y considerar como un valor tangible lo que hasta entonces había sido visto como un «intangible» financiero, y se ha convertido en un gran factor en la subida constante de la ortodoxia de la política de marca. De repente había una manera de explicar las grandes diferencias entre el valor de los activos de una empresa, es decir, lo que el mercado decide que la compañía vale. Ahora hay tablas clasificatorias del valor de las marcas (Coca-Cola suele estar en la cima). Y hay galardones por la eficacia de la marca o la calidad del trabajo creativo empleados para presentarla.

Lo que siempre me ha preocupado sobre esas tablas clasificatorias y esos galardones es si realmente, pueden medir el éxito de la marca, como algo distinto del éxito de la empresa, de sus productos, o de la manera de gestionarla. Esto es muy difícil de juzgar científicamente, o simplemente, de forma objetiva. No hay un experimento de «control», en el cual el propio negocio funcione otra vez con marcas diferentes, y que nos llevaría a juzgar, realmente, cuán importante es la marca.

Si una gran marca le puede ayudar a tener éxito, pero no parece posible que le dé el éxito si los productos de la empresa o la gestión no están a la altura. No es sorprendente que la industria del marketing no tenga galardones para las empresas perdidas sin esperanza que nunca han conseguido grandes marcas. Jez Frampton, consejero delegado de Interbrands en Gran Bretaña, lo admite: «Las grandes marcas solo prevalecen cuando representan grandes productos o servicios.» ¿Son, realmente, Starbucks, Guinness, Ikea, y Adidas grandes marcas, o son las marcas de grandes productos y empresas? Cuanto más pienso en ésta cuestión, más vuelvo a considerar aquella estadística sobre las marcas que han permanecido por más tiempo. Más allá de otras consideraciones, lo cierto es que, la mayoría han permanecido fieles a sus productos básicos, pese a las oscilaciones de la moda: cereales de Kellog's para desayunar, hojas de afeitar de Gillette y similares.

Aunque, por un tiempo, pareció que la creación de una marca se había convertido en lo primero en que las empresas pensaban, pasando su oferta de producto a ser lo segundo, yo empecé a trabajar en Interbrand a finales de los noventa, durante el auge de las punto.com. Teníamos un número de clientes (normalmente bajo el ala de inversores de riesgo que esperaban hacer una fortuna) que aún no habían pensado en muchos de los detalles de lo que iban a vender, pero que estaban convencidos de que si podían encontrar un nombre raro y un logo marchoso harían dinero. Pues, no. No funcionó. No tuvieron mucho éxito.

Google no. No llegó gastando millones en publicidad. Como sabemos, Google gastó la mayor parte de su tiempo y dinero al principio para asegurarse de que su producto era todo lo bueno que podía ser, y permitiendo que unos técnicos especializados le hicieran el marketing, usando el anticuado boca-oreja. Google tuvo éxito porque tenía un producto rompedor. La gente pensó que era mejor que sus competidores, y estaba contento de recomendarlo (y la explosión de Internet fue uno de aquellos pocos momentos en que una oleada de nuevos productos aparece y la gente, realmente, sale de caza, buscando a los mejores, porque no tiene ninguna de sus antiguas marcas de confianza en que apoyarse). Esto le hizo ganar credibilidad frente a las masas de propuestas insustanciales del momento. Como dice el web-site de Google, «mientras el boom de las punto.com explotaba a su alrededor y sus competidores gastaban millones en campañas de marketing para «hacer marca», Google se concentraba por el contrario en construir silenciosamente el mejor buscador. Y cuando otras marcas en Internet alcanzaron la mayoría de edad, empezaron a hacer publicidad de la manera más tradicional; ebay está haciendo publicidad en la televisión inglesa por primera vez mientras escribo este libro. Google todavía no. El vicepresidente de marketing de Google, CindyMcCaffrey, dice que su presupuesto es menos del 5% de los ingresos. Dice,»No la necesitamos». En los primeros días, recuerda, «llamamos a montones de agencias de publicidad, pero ninguna nos devolvió las llamadas»

De alguna manera es un retorno a un sistema muy anticuado de venta: ten el producto adecuado y la gente ya vendrá. Suena irónico que para un producto de alta tecnología, se emplee una filosofía casi decimonónica, y que parece ir, deliberadamente en contra de la tendencia predominante entre las marcas de las décadas anteriores. Y Google proclama que se mantendrá fiel a su producto básico. De manera que si se trata del propósito únicamente, ¿podemos, de verdad, añadir a Google en la lista de grandes marcas?

Muchos expertos en marcas se muestran poco convencidos. Yannis Kavounis, socio del consultor de marcas Onesixtyfour, dice que Google es «el producto correcto, en el momento adecuado. Y es un gran superior producto. Como lo es iPod. Como lo fue el Walkman.» Rob Andrews, director creativo de la consultora en marcas R&D&Co, dice:

Google es una herramienta, no un modo de vida. Resuelve ciertos problemas prácticos inherentes a Internet, pero si no estuviera disponible, simplemente se usaría el siguiente. Me recuerda un chiste de Rich Hall: Coca-Cola y Pepsi-Cola, Pepsi-Cola y Coca-Cola: entre ambos gastan en publicidad, cada año, el equivalente al PNB de una república centroamericana. Y ¿para qué? Entro en una tienda y digo, «Déme una Coca-Cola.» «Lo siento señor, no vendemos Coca-Cola, ¿le iría bien una Pepsi-Cola? «Sí, cualquiera.»

Mi fuente secreta en las agencias de medios dice francamente:

Es un buscador capaz que hace dinero a través de la publicidad sin exasperar a la gente. El concepto de la empresa «representando algo» es, solamente, vanidad; una institución de caridad, o un líder religioso, puede, quizás, reivindicar que representa un conjunto de principios. ¿Una empresa? Es, solamente una estupidez. Quizás Google tiene el sentido común de entender que el mejor «marketing» es, a menudo, cuestión de dar a la gente lo que genuinamente necesitan con el mínimo de alboroto. El hecho de que su nombre se haya convertido en sinónimo de buscar en la Red proviene de que supieron anteponer el desarrollo del producto por delante de la auto-promoción. Lo que se llama «creación de marca» es probablemente irrelevante: su logo podría no haber tenido logo o un alce danzarín o lo que sea. En la tecnología de búsqueda es donde reside la inteligencia y la utilidad. Cuando llegamos aquí, la palabra «marca» puede aplicarse a todo. Si Google eliminara mañana el logo y lo remplazara por un trozo de texto en Times Roman (como habían tenido), la gente podría estar un poco desconcertada un par de páginas, pero luego continuarían usándolo como lo habían hecho siempre.... La gente no es tan estúpida.

Pienso que esto es demasiado simple. Sí, Google podría haber tenido éxito sin su marca, pero permanece la evidencia de que Google tiene los elementos principales de una marca. –un logo, un aspecto y una sensación, una manera de hablar, y algunos principios fundamentales– y que ahora están siendo comunicados de manera consciente, coherente, y consistente. La gente cita esas cosas como parte del porqué les gusta tanto usar Google: por lo tanto, no es sólo lo que Google hace, es también la manera cómo lo hace a lo que la gente responde. Y tiene un vicepresidente de marketing. La marca Google ya no es irrelevante para el éxito de Google, Inc., si es que alguna vez lo ha sido. Por lo tanto, podemos tratar de entender como la marca ha ayudado a un soberbio producto a tener éxito, y preguntarnos si el papel de la marca podría cambiar con el tiempo.

Google es una marca «relativamente» pura

Empecemos por el principio. Internet es un nuevo entorno para hacer marketing de productos. Las marcas a las que estábamos acostumbrados tenían algún tipo de presencia física en nuestras vidas. Una lata de Coca-Cola, llena de dulce, refrescante, líquido marrón. Una tienda con elegantes sofás, y educados vendedores. Un coche con tapacubos brillantes y el olor de cuero nuevo. Incluso las marcas de la era de Internet han empezado actividades *off-line* para dar a sus marcas más profundidad en el mundo real. Así tiene usted vendedores *on-line* abriendo tiendas reales, y galerías de arte *on-line* abriendo «salas de exposiciones» en el mundo real.

Para los usuarios de Google, por otra parte, éste sólo existe en el éter. No puede apoyarse en muchas cosas para provocar una reacción en nosotros; no hay nada que tocar, o escuchar, u oler. No hay nadie con quién podamos encontrarnos en la realidad y que represente a la marca. Todo lo que tiene es visual y verbal: su aspecto, y la manera como habla. Andy Hobsbawm de *Agency.com* dice.

> Son una marca de muy «bajo contacto». Para buscar, su página principal es al única interacción digna de mención y aún así el carácter y la personalidad de la marca brilla en el nombre y en el logo, así como la velocidad, simplicidad y eficacia de su tecnología.

«Bajo contacto», aquí, significa que no tenemos muchas maneras distintas de interactuar con esa organización. Piensa en un banco, que, por contraste, es relativamente de «alto contacto»: podemos entrar en una sucursal, podemos telefonear y hablar con alguien, nos envían cartas, extractos de cuentas, podemos usar cajeros automáticos, y ver sus anuncios en la televisión. O en una línea aérea: sí, supone viajar, pero está, también, como compras los billetes, donde los recibes, como te trata el personal en el mostrador, quizás, incluso, que coche envía a recogerle, si tienes mucha suerte. Hay un montón de oportunidades de causar una buena impresión a alguien (y, por el otro lado, un montón de oportunidades de estropearla). Con Google, nuestro único (jerga de consultor) «punto de contacto» son unas pocas páginas-web. En este sentido, es una marca muy «pura», en la que se crucial, al final de todo, tener el aspecto y la sensación adecuados en la Red.

Google se vende a él mismo

Ema Lineker de Google me dijo, «nosotros no promocionamos nuestra marca,» y por eso Google no nos animó demasiado, digamos, a hacer este libro. Lo que Google dice es cierto en el sentido tradicional de la publicidad a gran escala y de las actividades de marketing. De hecho, Google se ha presentado a sí mismo como un antídoto contra el marketing corporativo. Así que, aquí hay otra paradoja de Google: como Rob Mitchell dijo antes, «esta anti-imagen ha llegado a ser, inadvertidamente, la marca de Google.» Natalie Woodhead de Rufus Leonard afirma, «el hecho de que una marca con tanta influencia no gaste casi nada en publicidad crea la percepción de que es, simplemente, demasiado enrollada para anunciarse, o que simplemente se te ha pasado la publicidad y llegas tarde a ella.» Britton dice:

> La marca Google se distingue por su marketing, aunque sea por su ausencia. Las marcas no tratan de marketing y publicidad. Las marcas tratan de relaciones entre organizaciones y consumidores. Además, ¿Qué más podría prometer Google que una «entrega perfecta cada vez»? ¿Qué canal podrían usar para aparecer frente a más ojos que el 41,6 % de todos los usuarios de Internet cada día? Y ¿Qué mejor apoyo de un famoso podrían comprar que el de Sarah Jessica Parker citándose, vía Google, en *Sexo en Nueva York*?

Hayes Roth de Landor está de acuerdo, «Con millones de contactos diarios en el sitio de Google, se puede argumentar que Google mismo es uno de los mejores –y mejor dirigido– medios de publicidad de mundo.»

Es un buen punto. Se puede sostener que sería un fallo increíble de la marca Google si, realmente, sintiera la necesidad de anunciar su producto básico –dado el número absoluto de personas que ya lo están usando. El web-site de Google es, claramente, un medio de mucho más alcance para transmitir su mensaje que los canales de marketing más tradicionales. Yannis Kavounis de Onesixtyfour dice:

Si usted define marketing y publicidad como el esfuerzo para promocionarse usted mismo, dar a conocer la marca y fidelizarla, Google, en realidad, gasta un montón de dinero. ¡Qué mejor publicidad que estar en cada esquina de cada ciudad importante en todo el mundo u ofrecer un servicio gratis! ¿Sabe usted lo que cuestan esas cosas?

La historia de Google está dirigida

La falta de un programa de marketing tradicional queda, más que compensada por las cosas que Google sí hace. Hemos hablado sobre la importancia de las historias para la marca Google. Sabemos que no es un accidente que sepamos mucho más sobre el Googleplex, que sobre cualquier otra oficina central. Primero, es porque Google tiene una buena historia que contar, pero ha usado su habilidad para las relaciones públicas al máximo, así que las entrevistas con los fundadores casi siempre se refieren a las características únicas del Googleplex para ilustrar la filosofía de la empresa. Las historias de la fundación y del nombre, son, también muy conocidas. Han usado la mitología de la empresa como la expresión de la marca, y, por lo tanto, como herramienta de marketing.

Es, también, muy probable que la marca Google se haga más importante al madurar la empresa. En un primer momento fue la genialidad del producto que estableció su credibilidad. Desde entonces, nos hemos acostumbrado a asociar esa credibilidad con los elementos de la marca –el nombre, el logo, la página-web. Se han convertido en el sello de calidad, o la confianza, o lo que sintamos por la marca. Ahora, si nos paráramos a pensar, probablemente nos sería difícil saber porqué usamos Google en vez de cualquier otro buscador. ¿Es todavía el mejor? No es seguro. ¿Estoy acostumbrado a él? Bien, sí, pero nos hemos acostumbrado a montones de productos y aún probamos algo nuevo. ¿Pero, nos gusta? Si la respuesta es, sí, entonces es una cualidad que no está intrínsicamente ligada al producto sino que pertenece a algo más vago, y más abstracto: la marca.

Imaginemos, que un competidor aparece con una tecnología igualmente efectiva (alguien podría sostener que ese día ya ha llegado). Nuestra razón inicial para escoger Google desparece. Lo que le queda, para intentar garantizar nuestra lealtad, es la marca. El hecho de que nos guste y no sólo lo admiremos o respetemos, se vuelve, entonces, crucial. Hay una razón emocional para que continuemos volviendo, cuando la razón racional se ha diluido o desaparecido completamente. La reputación se vuelve crucial. De manera que debe preocuparse por su marca –lo que la gente dice de él cuando no está en al habitación– tanto si decide hablar de ello como si no.

Google
Refresh
Home
Print
Mail
Google Search
I'm Feeling Lucky

8

El futuro de Google

Pero espere, espere. Google ha existido solo durante 7 años. Si ha continuado leyendo hasta aquí, e, incluso si ha aceptado que Google puede considerarse una gran marca, podría, todavía, tener dudas persistentes sobre su esperanza de vida. ¿Será Google, realmente, una de esas marcas sobre las que todavía estaremos hablando, dentro de 100 años?

En principio, parece poco probable. Google es una marca joven en un mercado joven. Un advenedizo que ayudó a la gente a encontrar su camino en el confuso nuevo mundo de la tecnología. Esa tecnología va a cambiar, radicalmente, año a año, década a década. Parece poco probable que la categoría de Google, el buscador, exista siquiera, durante mucho tiempo en este estado de cosas.

Pero el verdadero valor de una marca consiste en ayudar a aislar su negocio del tedioso día a día y de las oscilaciones que el mercado, la tecnología y los competidores lanzan sobre ti. Piense en Carphone Warehouse, uno de los mayores minoristas de teléfonos móviles. Su categoría original –teléfonos para coche (grandes, antiguos y pesados teléfonos que te hacen pensar en ladrillos de plástico negro mate)– ha desaparecido, tragado por todo un mundo de teléfonos móviles, teléfonos inteligentes, y PDAs, tamaño de bolsillo. Yla idea de comprarlos en almacenes también parece anticuada. Cada calle comercial en el mundo está llena de tiendas que venden teléfonos móviles. De manera que la lógica podría decirte que una empresa llamada Carphone Warehouse ya había tenido su momento. Pero no: va viento en popa. De acuerdo, los teléfonos para coche se han ido. Como lo han hecho los almacenes, remplazados por tiendas como las demás. Pero la Carphone Warehouse ha tenido éxito porque construyó una marca, y no simplemente un negocio que se le limitaba a hacer «lo que dice en el rótulo.»

Como la gente lo asoció con una actitud amistosa y una recomendación imparcial, a la gente no le importó que el nombre terminase siendo una pista falsa.

Quizás Google pueda hacer lo mismo. Si nos gusta lo suficiente su manera de hacer las cosas, quizás pueda acabar haciendo algo enteramente diferente, y continuemos con él. (Escribe el consultor de marcas: esto se llama «extensión de la marca», y es el fenómeno que te da algo más como Virgin, una compañía que empezó produciendo discos, vendiéndole vacaciones, cola, de todo, hasta vestidos de novia. O que deja una empresa como Carterpillar, una empresa con años de historia en el negocio de los vehículos industriales pesados, haciendo las mejores ventas de, oh... zapatos y chaquetas.) Pregunte a Google que va a hacer después y aquí está la respuesta que obtiene:

> ¿Qué es lo próximo de Google? Difícil de decir. No hablamos mucho de lo que viene, porque creemos que una de nuestras principales ventajas competitivas es la sorpresa. Sorpresa e innovación. Nuestras dos principales ventajas competitivas son sorpresa, innovación y una, casi fanática, devoción por nuestros usuarios. Bien, ya tiene la idea. Puede echar una ojeada a algunas de las ideas a las que nuestros ingenieros van dando patadas por ahí cuando les visitan mientras juegan en los Google Labs. Diviértase, pero asegúrese de llevar sus gafas de seguridad.

Inconcreto, verdad.

Pero, el futuro a largo plazo de Google ni siquiera podría importar. Porque en los próximos pocos años, el futuro no parece de color de rosa la gran G. Hay un número de cosas importantes de las que deben preocuparse ahora mismo.

Mantenerse el mejor

Hasta ahora ha sido fundamental en el éxito de Google ser el mejor en lo que hace. Por eso lo probamos en primer lugar, y si algo mejor aparece será tentador probarlo también. Va a ser bastante difícil para Google mantenerse en la cima. Hayes Roth, de Landor, dice, «Google funciona debido a una compleja tecnología, que necesita inversiones y cuidados constantes para manetener su competitividad. Las patentes y los procesos son, con el tiempo, notoriamente difíciles de proteger en esta área, y los grandes éxitos atraen grandes competidores.» Naturalmente sabemos que Google ha estado ocupado tragándose otras empresas, para así controlar su tecnología para incluirla en Google y mejorar. La IPO le ha dado montones de dinero para continuar comprando, y para invertir en sus propios esfuerzos de I+D. Las señales son de que se toma muy en serio mantener su corona.

Podría usted sostener que, frente a amenazas tan serias como éstas, la marca es una cosa demasiado etérea y superficial para preocuparse por ella. Google creció marginando deliberadamente la construcción de la marca y concentrándose en lo más fundamental: el producto Y es verdad que Google no sobreviviría mucho tiempo si una nueva tecnología, o, incluso, uno de sus competidores actuales, le sobrepasara. No somos estúpidos. Nadie usa lámparas de gas ahora, no importa lo bellas y pintorescas que las encontremos. Para actuar como el mejor, Google necesita superar a sus competidores, sea como sea que la búsqueda por Internet y la propia Internet evolucionen.

Pero el Google que está compitiendo ahora no es el joven Google que llegó y retiró la alfombra bajo los pies de los primeros promotores. Cambiamos a Google porque era mucho mejor que los competidores, tanto en los resultados como en nuestra satisfacción como usuarios. Pese a la buena voluntad que sentíamos, el cálido resplandor de Google, está ahora conectado con la idea de la marca Google, tanto en sus expresiones obvias: como el nombre y el logo, como en esas que son menos aparentes, como sus principios.

En el último capítulo, preguntábamos que ocurriría si la competencia llegaba a ser tan buena como Google. (Ya hemos visto, que algunos piensan que ya lo es.) ¿Cambiaríamos? Algunos de nosotros podríamos –porque queremos cambiar, porque queremos variedad, quizás incluso porque no nos gusta ver a alguien hacerse demasiado grande. Pero, en muchos mercados, enfrentados con una elección entre dos ofertas muy similares, la mayoría de la gente sigue con el que conoce mejor. Es la inercia (de manera poco gentil, cuando trabajé para la industria de la energía en Gran Bretaña, nos llamaban, a los conservadores que no cambiábamos, «inertes». También podría haber sido «inválidos» o «vegetales). Y sería todavía más difícil que nos moviéramos si, más que mantenernos por pura pereza, realmente nos gustaba el producto actual, como parece ser el caso de Google. Esto es, realmente, lealtad. Y esa lealtad la razón por la que la marca Google se ha convertido, ahora, en una de sus armas clave. De ser algo que ignoraban, la marca ha pasado a ser lo que podría salvarles.

Competidores potenciales

Les oigo decir: ¿Quién está asustado? Google no fue el primer buscador. Siempre ha tenido competidores y los ha dejado a todos atrás. ¿Qué les ha llevado a preocuparse? Rob Andrews de I+D+Co dice:

> Realmente no tiene competidores decentes, y yo no puedo ver un producto rival capaz de remplazarlo, pero hace 20 años habría dicho lo mismo sobre los directorios. Sea cual sea la próxima generación de directorios, tendrá que ser una gran sorpresa para mejorar lo que hay hoy.

Pero el fenomenal éxito, actual, de Google, su atractivo para todo el mundo, casi un monopolio, y el precio creciente de sus acciones, debe parecer muy tentador a montones de retadores potenciales. Google mismo creció por la facilidad con que la gente puede cambiar de lealtad en la Red. Marcas como Alta Vista tuvieron problemas tan pronto como Google apareció. Los pesimistas dicen que lo mismo podría pasarle, con la misma facilidad, a Google.

Yahoo! ha crecido a través de la adquisición de empresas de búsqueda como Overture e Inktomi hasta convertirse en un serio rival en términos de eficacia de la búsqueda. David Sowerby de Loomis Sayles& Co., dice sobre el mercado de los buscadores, «Tiene un elevado precio de admisión. (Google) es una empresa con una espléndida ratonera, pero no hay barreras para una empresa que construya una ratonera mejor.»

Y todos nosotros sabemos quién consiguió unos pocos céntimos por la venta de ratones para construir esa ratonera. Una compañía que, incluso, mantuvo conversaciones para comprar Google hace algún tiempo: Microsoft. No es sorprendente que larry y Sergey no quisieran vender.

El imperio de Bill Gates está construyendo un buscador. El CEO Steve Ballmer dijo en tono amenazador, «creemos que todavía hay mucha innovación (por hacer) en el ámbito la búsqueda. Nos pondremos al día. Nos adelantaremos.» Mientras escribo, es, todavía, un prototipo, pero una versión terminada llegará pronto, incluyendo ecualizadores gráficos para permitir a la gente enfatizar diferentes aspectos de su búsqueda, como la actualidad de los resultados, o la popularidad de las páginas. Cuando Microsoft anunció que examina 5 billones de páginas-web, superando así a Google por un escaso margen de 700 millones, Google elevó las apuestas: dobló el número de de sus páginas examinadas a cerca de 8 billones. ¿Quién sabe qué número proclamará Microsoft una vez haya acabado las pruebas?

Se está preparando una batalla importante. El peligro real para Google, en realidad, no proviene de un Microsoft tratándo de indexar un poco más de material que Google. Después de todo, para la mayoría de nosotros, nuestra comprensión de los aspectos técnicos de un buscador es bastante limitada, así pues, el número de páginas indexadas probablemente no nos preocupa mucho. No, una preocupación mucho mayor es cómo Microsoft podría tentarnos a usar su buscador y no él de otros. Suele especularse que Microsoft podría empaquetar su tecnología en la próxima generación de Windows. ¿Le suena? Debería hacerlo. Netscape era el número uno de los navegadores de Internet como Google lo era en la búsqueda: popular, bueno en su trabajo, exactamente el tipo de marca que usted pensaría que nos gustaría tener cerca. Así fue hasta que Microsoft empezó a empaquetar su propio navegador dentro de Windows. La supremacía de Netscape se derrumbó. Ni siquiera pareció que la gente prefiriera especialmente el Internet Explorer de Microsoft, fue, simplemente, que Microsoft se lo puso muy fácil. Estaba allí, esperando ser usado. Explorer se convirtió en el navegador por defecto de Windows, y la gente tomó el camino más fácil. Parece que una vez la gente tuvo que escoger para no usar la versión de Windows, les dio pereza. La estrategia de Microsoft de empaquetar el Internet Explorer con Windows ha causado cierta polémica entre las autoridades sobre competencia en todo el mundo, con los rivales diciendo que su casi monopolio en sistemas operativos le da una ventaja injusta en las guerras de navegadores. Incluso donde las autoridades han actuado (la UE multó a Microsoft con 497 millones de euros), para una empresa del tamaño de Microsoft, parece, demasiado poco y demasiado tarde.

¿Ocurrirá lo mismo con Google? ¿Seguiremos todos escogiendo Google antes que una opción más fácil? ¿O le atestará este pequeño esfuerzo extra un duro revés? Bien, es cierto que ya está preparando su defensa. Al acostumbrarnos a la barra de herramientas de Google y a servicios como la búsqueda en el disco duro, está intentando que veamos Google como una necesidad intrínseca al funcionamiento sin problemas de nuestros ordenadores, antes de que el grandullón Microsoft pueda meterse por la fuerza en la fiesta.

Y no son solo los grandes quienes tienen estas pretensiones. Hay, también, pequeños competidores nuevos, como Blinkx, Copernic, X1, Enfish, calificado ya como «el nuevo Google», listos para presentarse con nuevas maneras de buscar.

La marca es una defensa clave, y esa es la razón por la que se volverá más y más importante para la empresa. Hacemos cosas extrañas por las marcas que amamos. Dirigí, recientemente, una reunión de trabajo para un club de fútbol en Gran Bretaña, con el propósito de obtener las opiniones de sus fans sobre cierto trabajo que estaba haciendo con su marca. Un fan dejó su trabajo pronto, condujo durante cinco horas para llegar a la reunión, y participó durante una hora y media (la verdad es que no dijo demasiado) antes de conducir de regreso durante otras cinco horas, sin cobrar del club, y, ni siquiera, compensado por sus gastos. Pero lo hizo porque sentía que era importante poder decir algo, o, por lo menos, ver qué estaba pasando en su club favorito. Admito que los clubes de fútbol son un ejemplo bastante extremo de amor y lealtad, lo que es, a la vez, una bendición y una maldición para la gente que gestiona esas marcas. Pero el objetivo de la marca es inspirar, de alguna manera, ese tipo de reacción. El objetivo es convencernos sobre algo, a un nivel emocional suficiente para anular nuestra capacidad de decisión racional. Google puede preservar la posibilidad de contar con nosotros cuando le convenga.

Como hemos visto en este libro, está abordando la situación de la manera correcta. Muchos de nosotros tenemos una relación, inusualmente cálida y borrosa con Google, Interbrand dice que es nuestra marca más amada, y muchos de nosotros la visitamos muchas, muchas veces al día. Si no paramos a pensar comprobaremos que ya dependemos de ella, incluso si creemos que no la necesitamos. (recuerde que mucha gente encuentra el sitio-web de la BBC introduciendo BBC en el Google, en vez de intentar bbc.com.) Lo que aprendimos de la caída de Netscape fue que a la gente no le gustaba tanto como para persuadirles de volver allí cuando se volvió más difícil. Creo que la fuerza que tiene la marca Google dificulta mucho que esto le ocurra a Google.

Pero naturalmente, hay cosas que podrían pasarle al negocio que amenazarían a la misma marca.

Mantener el enfoque

Google ha sido bastante inquebrantable en la cuestión de mantenerse fiel a lo que considera su negocio básico, y esto le ha distinguido de muchos de sus competidores históricos. Pero existe, también en Google, una tendencia a ser poco sistemático. Se puede argumentar que, ser poco sistemático, es algo, de alguna forma, incorporado dentro del ADN de Google; es la consecuencia natural de pedir a la gente que dedique una quinta parte de su tiempo a hacer cosas fuera del cometido de su trabajo diario. Es creativo. Es refrescante. Debe ser apasionante. Pero ¿es ésto lo que los usuarios, realmente, quieren?

Gmail y Froogle son resultados de la política de la quinta parte. Internet está, también, zumbando con rumores de que Google está desarrollando su propio navegador, tras cazar un cierto número de empleados de Microsoft, que trabajaron en las primeras versiones del Internet Explorer, y después de registrar «gbrowser.com» como nombre. Podríamos aceptar la versión de Google, que ve en estas ideas, simplemente, una forma de dar a la gente nuevas maneras de usar la Red, o su ordenador, y se trata de una extensión natural de lo que trata Google. La visión alternativa es que eso son los comienzos de una preocupante tendencia: un Google que se aparta de su área de experiencia básica, confundiendo a sus usuarios al introducir nuevos productos, o peor, asustando y molestándoles (hasta el punto de construir «gmail-is-to-creepy.com» (gmail es demasiado horripilante.com)). Sí, tienen nombres diferentes pero parecen sub-marcas de Google. Tienen el mismo aspecto, se llega a ellas a través del sitio de Google, y los medios de comunicación las han expuesto a la vista del público.

Esto abre Google a la disolución potencial de la marca y de su reputación de calidad. Andy Hobsbwam de «Agency.com» dice, «hay peligro si la empresa diversifica la fuerza de su nombre en demasiadas cosas que, no hace tan bien o sobre la que que tiene menos control que sobre aquellas con las que empezó.» Glyn Britton dice, «la única amenaza real para Google vendrá de si mismo, tengo, ya, la sensación de que empiezan a estar un poco aburridos, y ahora que también tienen dinero empiezan a hacer demasiadas cosas.»

Natalie Woodhead de Rufus Leonard dice,» Google puede mantener su éxito si se esfuerza más en hacer, lo que hace ahora *mejor* que en intentar hacerlo *todo* mejor que todos.»

A pesar de la velocidad de cambio del sector, la empresa está convencida que la idea que la sustenta no está acabada. Apuesta por un producto sensacional, como los Kellogs y las Gillettes. «Nuestro plan es ser un buscador,» dice Susan Wojcicki, director de tecnología de producto de Google. Naturalmente, el tipo de buscador que sea, puede cambiar con el tiempo. Ya ha lanzado Google Print, para buscar texto en libros y luego conectar con los vendedores de libros; Google Acholar, para rastrear a través de papeles académicos; la barra de herramientas; y sabemos que la búsqueda en disco duro está a punto de llegar. Todas esas innovaciones parecen adaptarse confortablemente a la idea de ser solo un buscador «puro». Google ha usado principios de la arquitectura de marcas para distanciar algunas de sus áreas de diversificación –Froogle, su paquete de comparación de precios, el e-mail Gmail, y Blogger– de su centro principal. Esto significa que, si no funcionan o su popularidad declina, puede, rápidamente, deshacerse de ellos, sin que la marca principal resulte dañada o se desprestigie.

La cuestión fundamental aquí, es si ves la idea del producto básico de Google relacionada con nuestra percepción actual de un buscador, que es muy probable que desaparezca en pocos años, o como algo más amplio, parecido «ayudarte a que obtengas el máximo de las fuentes de información a tu disposición.»

Por el momento, esas fuentes de información pueden estar en Internet, pero Google está extendiéndose fuera del mundo *on-line*. Ya ha añadido los libros y los documentos académicos. El experto en autenticidad David Boyle suscitaba la intrigante posibilidad de que Google financiara bibliotecas en el mundo real. De hecho, esta es una extensión lógica de la marca Google, y es un área de la vida –al menos en Gran Bretaña– que necesita mucha inversión; las bibliotecas, simplemente, no parece que tengan suficientes libros. Google no necesita, exactamente, financiar bibliotecas; podría gestionarlas. El Googleplex nos ha demostrado que es bueno en crear entornos divertidos, relajantes, y creativos, mientras anima a hacer un buen trabajo en ellos. Podría llevar esta misma filosofía a la esfera pública; las escuelas son un lugar obvio para las bibliotecas de Google, imagina estanterías llenas de libros sobre un tema particular, quizás con anuncios comerciales o folletos al final de cada uno: una interpretación física de la barra de los «enlaces patrocinados» de Google al lado de la página de resultados. Quizás éste es el tipo de actividad que la Google Fundation debería estar considerando para reforzar las credenciales de Google como fuente de información, como buen ciudadano, y para dar una mayor profundidad de campo a la marca Google, a la luz de los retos de empresas monstruosas como Microsoft.

Larry Page y Sergey Brin han dicho que les gustaría que la Google Fundation eclipsara a Google en términos de su influencia e impacto alrededor del mundo. Aquí hay un camino para hacerlo.

Mantener la fe o vender

Pero no es sólo una cuestión de mantener su estrategia de negocio. También necesita mantener el sentido que le ha hecho popular. Estoy de acuerdo en que el mayor peligro para Google viene de su interior. Hasta ahora parece haber crecido con remarcable suavidad, de unos pocos tecnófilos en California a una empresa con miles de empleados y oficinas por todo el mundo (y de haber puesto al buen Dr. Eric Schmidt en su puesto con esa específica misión).

Pero hemos visto como la marca Google tiene bastante de irreverente, de iconoclasta, de poco convencional. ¿Cuán irreverente e iconoclasta puedes ser cuando llegas a ser mayoritario? David Linsley de Wolf Olins dice:

Lo sentíamos como una creación desvalida y alternativa –el desvalido que nos resulta fácil de apoyar– para remplazar la frase «buscar en Internet» por «to Google»: este lenguaje se ha convertido, ahora, en mayoritario, hasta el punto de que navegar por internet ha sido remplazado por «googling» (con independencia de buscador que uses). También su status de floreciente monopolio le está llevando a un territorio delicado. Una marca que una vez fue percibida como la antítesis de Microsoft, está, ahora, siendo medida con el mismo rasero.

Rob Mitchell de MitchellConnerSearson dice:

> Google rehúsa resueltamente actuar como una gran marca, o pavonearse, pero en el proceso se ha convertido en una gran marca. Es muy difícil para cualquier marca (especialmente una que crece) mantenerse fiel a sí misma. ¿Cuándo, exactamente, está Google haciendo demasiado dinero con lo que hace? ¿Cuándo es un anuncio demasiado explícito? Esas cosas son delicadas.

Glyn Britton dice:

> El chapucero anuncio de Gmail (o más bien los anuncios de contenido específico dentro de Gmail) mostraron que, quizás, Google está empezando a ser un poco demasiado inteligente para sus clientes, y a nadie le gustan los sabelotodo. Temo que el perfecto equilibrio, que habían conseguido mantener hasta ahora, entre intimidad humana y un tamaño inimaginable es tan frágil, que en la América de las empresas está más allá de cualquier empresa en crecimiento, mantener la marca.

En resumen, Britton cree que Google podría estar dejando atrás a sus clientes.

Debemos recordar que, hasta el momento, la filosofía y los principios de los fundadores todavía eran palpables en la forma de la empresa; de hecho, se aseguraron, gracias a su estructura de voto, ir incluso a bolsa y mantener la poco convencional fuerte influencia del dúo en la cima. Pero ¿qué pasa si uno, o los dos, se van? ¿Si deciden que después de 10 años es el momento de abandonar la rutina de Google? Es un momento delicado para cualquier marca. Pierde un enlace con su historia. Y naturalmente, mientras la marca se construye sobre el carisma de de dos personas, esta obligada a acabar como algo humano, auténtico. Cuando esas personas se van, la tentación de la organización es «ponerse tensa», empezar a comportarse más como una empresa que actúa por el interés de sus accionistas, en lugar del de los clientes, de quienes los fundadores realmente se preocupaban.

Es un esquema que se repite en muchas grandes marcas. He trabajado mucho con Orange, le red de telefonía móvil. Como Google, llegó a un mercado en desarrollo con un único punto de vista y una fuerte personalidad: atrevido, valiente, humano. Ahora, desaparecidos los fundadores, con operaciones internacionales y un nuevo propietario en la figura del gigante público francés France Télécom, es una compañía que parece como si tuviera sólo una memoria entrañable de la revolucionaria personalidad de Orange. En un mercado que ha madurado (y con competidores que le han alcanzado), Orange parece saber como debería ser, pero no como hacerlo. O, tome una marca como Virgin, con tanto éxito como una marca rival, soporte del consumidor en mercados como la aviación comercial, pero que pierde su rumbo cuando es autorizada por EDF (quizás por casualidad, otra empresa pública francesa) para vender electricidad en Gran Bretaña.

A menudo, cuanto más se alejan de sus orígenes estas marcas, menos seguras de ellas mismas y de sus papeles se vuelven. Como consumidores, podemos ver esa falta de confianza o de convicción. Y, así como un partido político que pierde su empuje pierde a sus votantes, también los consumidores votamos con nuestros pies y dejamos esas marcas. Symon Sweet de la agencia de política de marcas y diseño Bluestone reconoce el peligro que conlleva para una marca ser vista como algo que se «agota»: «La mayor amenaza podría, realmente, llegar de sus propios usuarios. A la gente le gusta estar asociada con el éxito. Si Google empieza a fallar, su base de fans puede empezar a mirar a otro sitio.

Esto no significa que si Google pierde unos años, está muerto y desaparecido. En palabras de Hobsbwam «muchos líderes fallan en algún momento. Piense en Apple. Luego se recuperan.» Y, de hecho, Apple es un caso ejemplar. Una marca pequeña, aunque influyente, al principio, poco después (y tras la marcha de uno de sus fundadores) tuvo problemas. Sus productos eran menos innovadores y sus resultados terribles. Por un momento pareció otra victima potencial del crecimiento de Microsoft. El retorno de su fundador señaló el retorno del espíritu que le había dado el éxito –creatividad, diversión, y sobre todo, un aire humano en el corazón de la tecnología– y llevó a productos revolucionarios como el iMac y el iPod, productos que han indicado de vuelta el camino a la rentabilidad y al éxito popular. El reto para Google sería hacer lo mismo si los fundadores se quedaran en casa.

9

Así, ¿qué?

Entonces, ¿es Google una gran marca? Bien, yo creo que sí, pero tendré que explicar que quiero decir con esto. Incluso si estás de acuerdo, podrías estar, allí sentado, pensando, en qué consiste lo más difícil. Lo hicieron ellos dos solos, sobre la marcha. ¿Realmente se necesitan montones de consultores de marca bien pagados?

Es verdad, algunos de los consultores de marca bien pagados con los que hablo aún están convencidos de que Google es un golpe de suerte, y no están convencidos de su grandeza. De hecho, ellos ven una sala llena de ingenieros timoratos, que se organizaron para hacer un poco de software inteligente, que no pensaron en como comercializarlo –de hecho, decidieron ignorar la comercialización–, que accidentalmente, se convirtieron en la marca más popular de nuestros los tiempos.

Pero es indiscutible que *han* creado una gran marca. Quizás no lo planearon, pero esto es lo que han hecho. Decidieron construir el mejor buscador, y en el camino tuvieron que tomar decisiones respecto a los elementos de su negocio que normalmente caen bajo la rúbrica del marketing o de la política de marca: cosas como el logo y el diseño de la página principal. Sí, podrían haberlo hecho instintivamente. Pero sus instintos fueron buenos: instintos basados en su propia personalidad, su visión del mundo, incluso en su propia moralidad. Desde entonces han tenido que resumir parte de ello (*expresarlo*, diría el consultor de marca) a través de la frase «no seas malo», y de los principios que defiende. «Marca», en realidad, es sólo una abreviatura para esos elementos que trabajan juntos, por lo tanto no es una sorpresa que la personalidad de la marca que han creado sea un reflejo de las suyas.

La marca Google ha tenido éxito porque han acabado comunicando el propósito de su producto junto con una atractiva personalidad, incluso si no se trataba de otra cosa que «hacer el mejor buscador, sin tomarnos demasiado en serio a nosotros mismos, o haciendo el mal en el camino.»

Han hecho llegar este mensaje, tanto a su propio personal como al resto de nosotros.

El hecho de que no haya un proceso de «creación de marca» no descalifica a Google como gran marca; en realidad, lo convierte en un caso de estudio más interesante. Si el propósito de una marca es ser la cara agradable de un buen producto, Google debe ser la mejor marca moderna, porque, aparentemente, es la que más nos gusta. Ha emergido naturalmente, instintivamente. Yo argumentaría que esto es parte de la razón por la que ha tenido tanto éxito: la gente reconoce que es menos artificial, más auténtica que muchos ejemplos modernos de creación de marca, que son poco más que ejercicios de manipulación corporativa. Google ha tenido éxito porque los líderes que hay detrás son los responsables de su espíritu, y creen en él de verdad.

Google ha abordado todo esto de manera bastante instintiva: sin grupos de análisis ni matrices de marca. Piensa en ello como si fuera caligrafía. Necesita una gran habilidad, pero nunca lo harás bien si te lo piensas demasiado. Si te lo piensas demasiado, siempre se nota: se puede «ver el trabajo». Los grandes calígrafos trabajan rápidamente, instintivamente, con confianza, y con la conciencia de que este enfoque arriesgado a veces falla.

Sergey Brin y Larry Page han escogido el enfoque del calígrafo para su marca y sus negocios. Una y otra vez han hecho lo que creían correcto, incluso si el mundo a su alrededor era escéptico, o jugaba con reglas distintas. Han intentado permanecer fieles a sus propios principios y construir una marca que les refleja. Si te hubieran pedido diseñar la marca del buscador número uno, empleando instrumentos de lógica y análisis de distancias y similares, es poco probable que hubieras propuesto algo como Google. Pero funciona. Y no es un modelo fácil de copiar, a menos que como Google 2 tengas la misma confianza y las mismas creencias.

Esto no quiere decir que no haya cosas que cualquier marca, cualquier negocio u organización pueda aprender del sorprendente éxito de nuestros amigos de Mountain View. Tampoco significa que tengas que ser un emprendedor a los veinte para aprender algo de Google que se pueda aplicar. Ahí sentado, con una buena perspectiva, puedes identificar las lecciones que están ahí para que aprendamos, e ideas que están ahí para tomarlas.

1. No se puede tener una gran marca sin un producto que la gente quiera

Si produces o proporcionas basura, y puedes tener el logo más hermoso del mundo o el personal más sonriente y, aún así, la gente no vendrá (o por lo menos no se quedará). El éxito de Google se apoya en su fantástico producto. Cuando apareció en escena, lo hizo despacio, para la mayoría de personas los primeros contactos fueron por recomendación de alguien en quien confiaban, seguidos de una buena experiencia con el producto. Eso fue un buen punto de partida.

2. El boca a oreja es mejor que la publicidad

El éxito temprano de Google se basó en la recomendación de un grupo experto, y en la recomendación de una fuente de confianza. Esto estableció la credibilidad de la marca en el mercado, y algunos estudios han demostrado que una recomendación creíble nos influencia mucho más que la publicidad o las encuestas científicas. También ésto ayudó a establecer la credenciales de Google como una marca más auténtica, no manipulada –usando personas reales para vender más que grandes campañas publicitarias.

3. Se sincero sobre lo que pretendes

Google lo hizo primero con el producto. Estaba claro que quería (y todavía quiere) aproximarse lo máximo posible al buscador perfecto. Éste es un simple pero ambicioso objetivo para los cientos de personas que trabajan detrás de las bambalinas en el Googlepex.

Pero también has de ser sincero sobre la manera como vas a llevar el negocio. Esto te ayuda a decidir que cosas harás y cuales no harás. Muy a menudo esto procede de la visión poderosa de los fundadores y líderes carismáticos. La filosofía de Sergey Brin y Larry Page de «no seas malo» (y el pensamiento que subyace) ha conformado mucho de lo que Google ha hecho: desde la manera como trata la publicidad, a la manera como trata a su personal, hasta la manera como planteó su IPO.

4. Mantén tus principios

La claridad sobre tus intenciones puede darte una tremenda confianza. Esto llevó a Google a hacer las cosas a la manera de Google, y no a la manera como los demás las hacían: piensa en la IPO, o en su compromiso de mejorar la búsqueda cuando otros buscadores estaban buscando desesperadamente otras fuentes de ingresos. La legión de fans de Google en todo el mundo interpretó ese compromiso como una señal de integridad, con la que se ha ganado su confianza.

5. La marca y la empresa son una misma cosa

Una de las preguntas que planteé era si Google era una gran marca, o sólo la marca de una empresa con un gran producto. Creo que no importa. Si la empresa tiene un solo producto, su marca y la empresa se convierten en sinónimos. De hecho, para tener éxito, necesitan serlo.

Algunas empresas hablan de su «marca», otras sobre su «reputación» o «cultura»; incluso podrían hablar de su «filosofía», «espíritu», «misión». Para mí, son, simplemente, distintas maneras de hablar de la misma cosa –no de lo que haces, sino de la manera de hacer negocios de que hablamos en el punto 3, y de como esta manera influye en las personas– simplemente expresado a través de distintos filtros. En lo más básico, es tan simple, y tan importante, como el alma y el corazón de una organización. O quizás, lo que Rita Clifton de Interbrand UK, llama un «principio general de organización». Yo les llamaría «principios generales»; normalmente no es tan sencillo como una sola idca.

Google es inusual en cuanto a que sus principios centrales incluyen elementos que son descaradamente «morales,» y, probablemente, ésto ha contribuido en la medida en que, usuarios y empleados, sienten lealtad hacia la empresa; es más fácil ser leal a algo que tiene que ver con el comportamiento humano, que con la abstracta filosofía empresarial. Sus principios se transmiten por su logo y por el diseño de su web-site. Pero las mismas cosas se reflejan de maneras distintas en la manera de hablar (tanto a usuarios como a inversores), la atmósfera de sus oficinas principales, e incluso la manera como funciona su producto. Google es una gran marca (y una gran empresa) porque lo que vemos desde el exterior coincide con lo que ocurre en el interior. Su marca es de verdad.

Es usual que, el lenguaje que diferentes organizaciones emplean para hablar sobre este tipo de ideas nos lo diga casi todo sobre quién está empujándolas internamente, y donde está su base de poder en el interior de la organización. Cuando las ideas vienen de lo más alto, son, a menudo, descritas como «visión», «la manera de Google», «la manera de Orange», incluso «la manera de Branson» o así. Si son recursos humanos o personal los que deben dar forma a esta visión, la gente habla de la «cultura», o del «espíritu» de la empresa. Cuando es responsabilidad de marketing, le llaman «marca». De hecho, usar el lenguaje asociado a uno sólo de esos pequeños imperios dentro de la organización –cultura, marca, etc.– puede hacer, en realidad, los «principios centrales» menos aceptables por todo el consejo; hacerlos menos centrales, de hecho.

Branding es, de forma correcta, criticado como una manipulación cuando no refleja la verdad de una organización, cuando realmente es una capa superficial destinada a manipularnos. Grandes marcas reflejan la creencia básica de que se apoya en la acción tanto como en la imagen. Esta es la causa de que haya una correlación tan fuerte entre compañías y marcas fuertes, y líderes fuertes.

6. Piense a largo plazo

La historia de Google es la de un pensamiento a largo plazo, y que recibe los beneficios más tarde. Ha construido la marca lentamente manteniéndose fiel a un conjunto claro de principios. Esos principios pueden haberle costado perder dinero o acuerdos a corto plazo, pero le han conseguido la lealtad a largo plazo de los fans de Google, y recompensas financieras de los mercados.

7. Pruebe cosas, pero manténgalas a distancia

Google está diversificandose en cosas que están fuera de su idea básica de la búsqueda, pero está cuidando que si van demasiado lejos, no estén, bajo el paraguas de Google. Manteniendo Blogger, Orkut, Picasa, etc. como marcas por derecho propio, Google también protege su marca principal. Se asegura de que la gente tenga claro, aún, lo que Google es, sin difuminarse por una, siempre creciente, colección de servicios aparentemente inconexos. Este fue el error que muchos de sus competidores hicieron al principio cuando se transformaron ellos mismos en portales.

Google es una gran marca. En este momento quizás la más grande. Y la razón es simple: ama lo que hace, y el rostro que presenta al mundo parece ser un sincero reflejo de lo que ocurre en el interior, y de lo que su personal, realmente, cree. Nos gustan aquellos que son como pensamos. No están obsesionados por la palabra «marca», por las actividades de branding. No se han obsesionado. De hecho, simplemente ven esas cosas como otra expresión de su filosofía, como el producto, y como sus oficinas centrales.

Pero lo han tenido fácil durante mucho tiempo, y las cosas están cambiando. Les guste o no, lo que pensamos de ellos

–como empresa y por tanto como marca– ahora es importante. No todo es el producto, como al principio. Si lo hacen bien, la marca podría jugar un gran papel y evitar que sean derribados de su pedestal, por el gigante Microsoft, o por otra pandilla de valientes muchachitos probando suerte.

Hay signos de que lo que pensamos de Google está cambiando, con el cuartel general técnico de Google explorando nuevas tecnologías, y el público empieza a sospechar sobre sus motivos. Podría ser el inicio de un cambio de moda, o podría ser un problema pasajero. Pero será decisivo para saber si Google es, todavía una gran marca dentro de diez años.